Mirlene Hérard

Brisé par soi-même

Mirlene Hérard

Brisé par soi-même

Roman instructif inspiré de la vie de chaque jour

Éditions Muse

Imprint

Any brand names and product names mentioned in this book are subject to trademark, brand or patent protection and are trademarks or registered trademarks of their respective holders. The use of brand names, product names, common names, trade names, product descriptions etc. even without a particular marking in this work is in no way to be construed to mean that such names may be regarded as unrestricted in respect of trademark and brand protection legislation and could thus be used by anyone.

Cover image: www.ingimage.com

Publisher:
Éditions Muse
is a trademark of
Dodo Books Indian Ocean Ltd., member of the OmniScriptum S.R.L Publishing group
str. A.Russo 15, of. 61, Chisinau-2068, Republic of Moldova Europe
Printed at: see last page
ISBN: 978-620-3-86620-9

Brisé par soi-même

Hérard Mirlene

Roman instructif inspiré de la vie de chaque jour

Mirlene Hérard

Mirlene Hérard

Brisé
Par soi-même

Roman instructif inspiré de la vie de chaque jour

Préface

Quelques lignes dans la vie de Mirlene Hérard.

Depuis son enfance, Hérard Mirlene a toujours chéri dans sa conscience de pouvoir un jour réussir à atteindre l'âme de la société au moyen de ses écrits. En connaissance de cela, elle décida de se lancer en choisissant un sujet dont l'importance semble ne point avoir effleurer la conscience de notre société. Ce sujet n'est autre que : " savoir faire la différence entre l'attirance et le vrai amour".

Ainsi donc, elle vous présente ce roman instructif, inspiré de parts et d'autres , des faits se produisant dans notre société et de certaines expériences vécues par elle-même.

Tracé d'abord par un début, et ensuite par une fin, le roman est présenté en plusieurs parties ; une racontant l'histoire , une faisant le rapproche entre l'histoire et le thème traité, une contenant les idées de plusieurs personnes appartenant à différents domaines de la vie réelle, et pour finir, celle contenant la courte suite de l'histoire.

Tout cela s'est fait dans le but de vous instruire au sujet du thème en question et de vous mettre en garde des dangers que ce dernier peut présenter.

Ainsi dire, c'est ce qu'illustre , présente, et défend Hérard Mirlene à travers ces quelques lignes.

Ce livre , œuvre de tant d'imagination Rationnelle, n'est autre dédié qu'à vous.

Vous , chère lectrice et Cher lecteur qui êtes passionné des histoires amoureuses , mais surtout des faits non imaginables qui peuvent se produire dans la société dans laquelle nous vivons.

Je ne peux qu'espérer, en ces quelques lignes pouvoir satisfaire votre curiosité de lecteur , et vous permettre de voyager à travers cet histoire.........

Sur ceux, je vous souhaite un bon voyage ....

Remerciements

Les mots sont peu mais je ne saurais ne pas adresser mes remerciements à tous ces gens qui m'ont, d'une manière ou d'une autre, permis d'acquérir la capacité de pouvoir réaliser ce bouquin tant chéri par ma conscience durant ces dernières années de 2019 à 2021.

J'adresse un chaleureux remerciement à ma famille : **Marc** olaine ma chère mère, **Herard** Pierre-Guerssin mon courageux père et **Herard** Pierre-Ridson mon merveilleux frère.

Je ne saurais oublier tous ceux qui ont accepté de me faire part de leurs idées et qui ont pu toutefois sans le savoir, m'avoir été de bons épaules. Un grand merci à moi-même **Herard** Mirlene.

Tous ceux là m'ont beaucoup soutenu , tant que sur le plan moral que matériel et j'ai pu trouver en eux et grâce à eux la capacité d'avancer.

Et enfin, mon plus grand remerciement et reconnaissance adressé à Dieu , le grand créateur de l'univers, duquel je puises toutes inspirations et connaissances , sans lui la réalisation de ce livre ne saurait être palpable.

Merci………

-« Passez-moi les légumes, père » : Dit Farah à son père Pierre ce dernier qui les passa sans aucune hésitation à sa fille la plus aimée de toute la famille. Même plus que ses frères Thomas et Louis qui ne pouvaient , puisse-t-on dire, faire le bonheur de la famille.

Et Sarah mère de la famille, en toutes ces choses ne disait jamais rien. Durant tous les dîners en famille, cela ne se passait jamais autrement . Toujours le même scénario : le père et la mère qui s'adressent rarement un mot , pour ne pas dire un exprès regard. Des frères accros au poker, qui ne cessent de mendier pour satisfaire leurs désirs de gaspillage.

Et leur cousin Victor vivant dans la maison semble ne pas exister car rien de tout ce qu'il se passe dans la famille ne semble l'émouvoir, tout ce qui lui intéresse c'est de profiter des privilèges qu'il a dans la maison et de se concentrer sur ses études qui est après tout son seul avoir, car il n'est qu'un privilégié.

Farah , fille unique de cette richarde famille, ne semblait pas du tout être influencée par la luxure de ses semblables. Bien au contraire, elle vivait comme une fille ordinaire, et ne laissait jamais sa richesse prendre la place de sa sagesse, acte sans lequel elle ne paraîtrait pas humaine.

Étant âgé de 16 ans elle faisait déjà la fierté de ses parents, contrairement à Thomas âgé de 18 ans et Louis âgé de 15 ans . Ce dernier, le plus jeune paraît-il, est influencé par son grand frère malgré son innocence. Leur cousin âgé de 17 ans , quand à lui vivait sa vie, une vie qui ne dérangeait personne dans la maison, contrairement à la vie des deux frères.

Farah tenait au plus haut point à Victor , elle admirait sont comportement, chérissait ses manières, et mémorisait toutes ses habitudes. Cela ne dérangeait point Victor, ni personne d'autre de la famille, car leurs âmes se ressemblent comme deux gouttes d'eau.

Le dîner étant terminé, chacun vaguait à ses occupations. Les deux frères, comme d'hab allèrent jouer au poker . Les parents regagnèrent leur chambre pour on ne sait quoi, et Farah s'installa dans la bibliothèque pour faire son voyage auquel Victor se joignait parfois, car ils étaient tous deux passionnés de la lecture.

- « Lisons un roman aujourd'hui Vic » : Dit-elle à Victor.
- Mais on lisait déjà un livre , on ne l'a pas encore fini. Répliqua Victor , tout en se disant en lui-même, pourquoi voudrait Elle soudainement lire un roman.
- Ah oui ce livre. Songea t- elle .... Finissons le alors pour qu'on puisse lire un roman.

  Victor commença à se poser des questions, ne pouvant pas s'en tenir ,il la questionna en disant :
- Pourquoi veux tu soudainement lire un roman ? Mais, tu disais toujours que tu préfères les livres instructifs... et je sais bien que les histoires amoureuses ne t'intéressent guerre mais seul la connaissance éveille ta curiosité.. Quelque chose a changé ?
- N'en fait pas tout une histoire, répondit Farah en souriant. Je veux juste essayer quelque chose nouvelle, après tout, le changement n'a jamais tué personne... Ajouta-t-elle.
- Bah d'accord, on lira ce roman après avoir fini ce livre.
- Fini le tout seul , quand à moi , je vais me coucher, et demain après l'école, je lirai mon roman. Bonne lecture Cher cousin ... Ajouta-t-elle en regagnant sa chambre.
- « Mais qu'est ce qui la prend » : Dit Victor en lui-même après qu'elle s'eusse déplacer. Peut être que quelque chose ait pu la déranger, il y a tant d'événements qui se passent dans cette famille ces dernières semaines... rajouta t'il .

Tant d'événements ces dernières semaines ? C'est la même question qu'on se pose cher lecteur. De Quoi parle-t-il ?

Vous auriez pu le deviner, car vous saviez pertinemment aussi bien que moi que les frères de Farah sont les deux chercheurs de problème de la famille.

À ce qu'il paraît ils ont emprunté une grosse somme d'argent à leur oncle venu de New York, Mr.Pierre a été obligé de le rembourser, cela ne s'arrête pas ici , ils ont agressé un homme âgé sous prétexte qu'il leur aurait voulu du mal.

Personne n'a cru a cet histoire, mais ils l'ont tout de même avalé. Ils ? Les parents bien sûr quels autres ils connaissiez vous ?

Mais quel en est le rapport avec le comportement inhabituel de Farah envers son Cher cousin ? Personne ne le sait, et de toute façon c'est du passé.

Victor ne pouvait s'empêcher de s'inquiéter pour elle, car il craignait qu'elle subisse une dépression à cause des choses qu'elle n'aurait pu commettre, la pauvre , qui pourrait ne pas s'inquiéter pour elle. Elle qui a l'âme fragile, et qui malgré elle est née dans cette famille aveuglée par la richesse, une famille qui malheureusement ne la ressemble pas.

Autre part , dans sa chambre, Farah semble déjà être en hypnose, elle ronfle , yeux fermés, âme en l'air, esprit ailleurs , elle plonge dans le monde où elle se sent le plus à l'aise ; le sommeil.

Voyez vous ? C'est de Victor dont nous devrions nous inquiéter, car il semble trop inquiet. Mais, cela ne va pas lui empêcher de dormir comme ça doit, car vous saviez aussi bien que moi , cher lecteur, qu'il n'est pas du genre à songer aux choses passées , et à laisser l'inquiétude déambuler à travers sa conscience. Il est plutôt du genre quoi qu'il advienne, du genre je vis ma vie ou mieux dire, du genre ça ira.

Mais, ces manières ne l'empêche en aucun cas de prendre soin de sa cousine , d'ailleurs elle est sa seule amie . Donc , il s'endort avec le souvenir d'aujourd'hui, se disant qu'il la questionnera demain pour savoir ce qui n'allait pas.

Après un long moment de sommeil, Farah se réveilla au milieux de la nuit, elle plongea au même moment dans le souvenir de l'action posée pendant qu'elle était avec son cousin.

- « Peut être qu'il est inquiet à propos de ça » : Se demandait t'elle . Je suis sûre qu'il reviendra à ce sujet demain, alors je le raffermirai à ce sujet. Rajouta t'elle d'un ton rassurant.

Puis elle passa à autre chose dans ses pensées, à l'idée de ré accumuler son sommeil. Mais elle ne pût, ayant remarqué cela , elle se laissa plonger dans ses pensées.

C'était d'ailleurs son habitude, soudain elle se mit à sourire dans son lit.

À quoi pourrait elle être entrain de penser ? Qui le sait si ce n'est elle ? Puis-je répondre à cette question ? Non . Mais on peut se poser d'autres questions. À qui pourrait elle être entrain de penser ? C'est bien la question qu'il faut se poser.

Farah n'a pas de petit ami, on le sait bien. Est-ce un fait qui la fait sourire ? Ou tout simplement le fait de penser à quelqu'un ? Ça pourrait aussi être ce quelqu'un lui-même qui la fait sourire autant ?

Est-ce Jacques **?** Peut-être. Jacques vient à peine d'arriver chez eux il vient de la campagne. Il a bien de quoi faire rire les gens, croyez moi. Seul le fait de le voir vous fait sourire, imaginez le vous adressant la parole , vous en mourrez.

Jacques à un âme immense, depuis son arrivée il apporte déjà un peu de joie dans la maison. On comprend maintenant la raison de ce sourire sur le visage de Farah . Auraient ils d'autres raisons en rapport avec Jacques ? Je ne saurais l'imaginer, surtout en me mettant dans la peau des parents de Farah .

Ça y est elle s'est endormi, comme tout le monde dans la maison.

La nuit a été longue, mais il y a un très beau soleil matinal dehors, et Farah ne peut s’empêcher d’en jouir avant d’aller à l’école, comme d’hab. Comment elle s’y prend ? Avec un livret, puisque c’est sa passion et son passe temps. Victor aussi en a l’habitude.

- Ne me rejoindra t-il pas ce matin ? S’il ne vient pas j’irai le chercher jusqu’à sa chambre. Se disait Farah .

Mais Victor arrivait déjà de loin alors elle lui fit signe et ils firent route ensemble pour aller à l'école, parce qu'ils fréquentaient la même école et la même classe , ils leurs restaient une seule année d'étude secondaire après cet année. Après cela ils pourront aller l'université. La même université ? Ce serait bien.

Sur la route, Victor n'hésita pas de la questionner à propos du fait d'hier.

- T'avais quoi hier ? Demanda-t-il curieusement.
- Qui ça moi ? Répliqua Farah ,en essayant de fuir la question.
- À qui d'autre pourrais je poser la question. Bien sûr que c'est toi.
- Bah j'avais rien.
- Et pourquoi tu t'étais couchée sans finir notre livre ?
- J'avais sommeil , c'est tout.
- T'aurais pu me le dire, tu ne penses pas ?
- T'aurais pu le comprendre, tu ne crois pas ?
- Laissons ..... T'as bien dormi ?
- Oui je crois.
- Comment ça tu crois ?
- Bah oui , c'est juste que je ne sais pas trop.
- Ok je comprends...
- Et toi, t'as bien dormi ?
- Oui mais t'as failli tout gâcher
- Et comment ?
- Je pensais que quelque chose n'allait pas.
- Mais non ça va, t'inquiète pas. Dit elle en riant. T'es le seul à vouloir le savoir, je t'en remercie.
- Ce n'est rien idiote, la répondit il en la serrant dans ses bras.

Puis ils continuèrent leur chemin, jusqu'à se séparer sur la cour de l'école où chacun rejoignit son groupe de pote.

Mais qui n'aurait pas souhaité avoir un cousin comme ça, qui s'inquiète pour nous, et qui nous rassure autant. Parfois les gens leur voyant pour la première fois pensent qu'ils sortent ensemble, ce qui n'est pas le cas. Car leur relation n'est basée sur autre que le pur sentiment de l'amitié. Ce sentiment qui est beaucoup plus vrai que l'amour ou mieux dire de ce que l'on pense qui est l'amour.

Ils se rejoignent toujours pendant la récré pour manger ensemble et pour parler, et les cours finis , ils rentrèrent ensemble, en voiture ou à pied. Ils ne sont pas complexes au point de ne pas vouloir marché à pied, contrairement aux autres membres de la famille.

Arrivés à la maison, ils se changèrent, mangèrent et se rejoignirent à la bibliothèque. Là ils oublient le monde extérieur, pourvue qu'ils sont ensemble et dégustent avec tant d'appétit leurs livres, et étudièrent.

Soudain elle eut soif , elle se leva pour aller boire de l'eau après l'avoir fait savoir à Victor. Ayant fini , elle eut l'idée d'aller jeter un coup d'œil dans sa chambre, et c'est ce qu'elle fit.

Arrivée dans la chambre, elle fut Stupéfaite de voir Jacques allongé sur son lit, et elle ne se retarda pas de le questionner.

- Que fais-tu dans ma chambre ?
- Je me suis juste allongé, y a-t-il un mal à ça ?
- Y a pas vraiment de mal à ça, mais il y en a quand même parce que tu possèdes ta propre chambre, fallait t'y allongé.
- Mais ne te fâche pas, dit il en essayant d'amadouer Farah qui elle, cherchait à comprendre ce qu'il pouvait bien vouloir faire dans sa chambre.

- Mais je ne me fâche pas, j'essaie juste de te faire comprendre qu'il faut respecter le territoire des autres, surtout quand on ne t'a pas accordé la permission d'y accéder.
- Ok je comprends.. je vais sortir. Ainsi dit il en s'approchant de plus en plus de Farah .

Mettant alors en jeux son intimité, et son innocence. Elle qui souriait rien qu'en pensant à Jacques. Il s'approchait toujours d'elle, car elle était tout près de la porte, et il fallait qu'il passe par la porte pour sortir. Farah n'y a même pas songé, parce qu'elle tremblait sous l'effet du touché et de la respiration de Jacques sur son cou, ce dernier semble être près de son but .

Mais on entendait déjà les pas de Victor dans le couloir qui venait la chercher, car ça fait un bon moment qu'elle se trouve dans la chambre à discuter et en tout dernier lieu à faire je ne sais quoi dans la chambre.

Farah fit vite de le rejoindre pour qu'il ne la retrouve pas dans la chambre avec Jacques. Et elle s'assura qu'il ne la pose aucune question dérangeante.

Arrivés à la bibliothèque, ils reprirent leurs activités, Farah paraissait y participer , mais ce n'était pas du tout le cas , car elle ne put s'empêcher de penser à Jacques.

Elle n'a même pas été gourmande comme à l'accoutumée pendant le dîner. Vous vous souvenez qu'après le dîner elle rejoignait toujours Victor pour lire ? Bah cette fois ci elle a préféré se préparer de très tôt pour aller dormir. Laissant ainsi le pauvre Victor à se poser des questions inquiétante.

Tout compte fait, elle se coucha pour dormir, ce qui n'a pas été possible. Parce qu'elle ne pouvait ravir Jacques de ses pensées. Son odeur, son regard et ses bras semblait à peine venir de se détacher d'elle. Mais quelle est ce sentiment ?

- Qu'est ce qui m'arrive ? Se demandait elle. Que faisait il dans ma chambre ? Pourquoi s'est il rapproché si près et me regardait il comme ça ? Peut être qu'il n'a pas fait exprès, je ne devrais pas y penser autant. Et si ce n'était pas fait exprès, pourquoi prenait il tout ce temps pour sortir de ma chambre ? Ça a fait tant de plaisir à mon corps que mon âme en a profité !! Mais j'ai quand même peur en y pensant. Je ne peux espérer que ça ne soit qu'un malheureux malentendu.
  Devrais je en parler à Victor ? Après tout c'est mon ami , lui seul pourra m'éclairer à ce sujet, comme il sait toujours le faire, d'ailleurs je suis tellement chanceuse de l'avoir avec moi , sans cela je mourrais . Je frissonne à l'idée de refaire cet expérience avec Jacques, peut être qu'il y a beaucoup plus de merveilleuses choses à ressentir ? Mon corps s'en exalterait. Devrais je lui demander ? Oh mon Dieu ! Ne me laisse plus penser à ce genre de chose. Puis elle s'endormît, dans l'espoir de voir Jacques dans ses rêves et de pouvoir continuer ce qu'ils ont failli commencer.

Déjà une semaine écoulée, et ce merveilleux accident semble n'avoir fait que fleurir dans la mémoire de Farah . Elle ne peut qu'espérer qu'elle pourra l'oublier dans les jours à venir, mais elle n'y aménage aucun effort.

Les questions qu'on se pose sont : pourquoi n'y aménage t'elle pas aucun effort ? Aurait elle des soi-disant sentiments pour Jacques ? Et Jacques de son côté, que voulait il ? Aurait il des sentiments pour Farah ? Ou peut être essayait il de l'acquérir dans son lit ? Mais pourquoi voudrait il faire cela ? N'est il pas considéré comme le plus circonspect de la maison ? Ou mieux dire celui qui détient le comportement considéré comme irréprochable ? Ou du moins ne serait ce qu'une illusions de notre part , car on le connait à peine. Peut être que ça pourrait n'être qu'une simple couverture ?

Assez poser les questions !! De toute façon nous savons bien que les seuls vrais sentiments que possède Farah sont ceux qu'elle a pour son cousin, pour ses parents, et pour ses différentes passions , elle n'en a jamais connu d'autres.

On ne peut en conclure que la seule personne de laquelle on doit se douter c'est de Jacques. Qui ne le soupçonnerait ? Lui qu'on connait à peine et qui nous fait croire qu'on le connait par le simple fait qu'on connaisse son penchant à faire rire les gens.

Dommage que Farah ne le voit pas ainsi, car elle était déjà hypnotisée par la beauté et les petites manières sensuelles de Jacques. Mais qu'est ce qui l'arrive celle là ? On doit la comprendre la petite, c'est sa première crise sensuelle d'adolescence , et à ce que je connais elle n'a jamais été touché par un homme. À ce stade on comprend mieux pourquoi elle désire tant s'étendre dans cette fascinante expérience. Et à ce qu'on voit elle commence déjà à voir les hommes d'un nouveau regard, d'une nouvelle mine.

Qu'en sera-t-il pour son cousin ? Comment va-t-elle le voir ? Sera ce maintenant impossible pour eux de rester si proche ? Car, à ce qu'il paraît Farah commençait déjà à ressentir ce que peu ressentir une femme en chaleur.

Des jours et des mois passèrent, et Farah n'avait point expérimenté ce qu'elle voulait car ses devoirs d'étudiante l'en empêchèrent. Et elle semblait ne pas trop s'y intéresser non plus. Peut être compte t'elle gérer tout ça pendant les vacances à venir puisqu'il ne reste qu'un mois.

Victor de son côté était toujours là à prendre soin d'elle. Et à faire comme à l'accoutumée, toujours là à vouloir savoir ce qui se passe dans la tête de Farah même si elle semblait distante ces derniers mois. Mais pourquoi ? Pourquoi serait ce d'autre, si ce n'est à cause des dernières expériences qui la hantent ?

Etant tous les deux à la bibliothèque ils discutèrent ainsi :

- Farah, peut on parler de quelque chose ?

- De quoi veux tu qu'on parle ? Répondit Farah d'un air distante et non de bon humeur.
- Ce n'est pas exactement d'un sujet que je veux te parler, mais, je trouve que tu n'est pas la même ces derniers temps je voudrais que tu me dises ce qui ne va pas.
- Mais tout va bien, bien au contraire je trouve que c'est toi qui présente des attitudes de changement. Dit elle en ne trouvant quoi dire .
- N'essaie pas de fuir mes mots !! Je te connais assez bien. Répondit Victor tout en étant sûr de lui.
- Pff, t'as raison Victor, je te cache bien des choses, à raison que je croyais que tu ne me comprendras pas si je te les expliquais.
- Mais, tu m'as bien souvent tout raconté, depuis notre enfance, et j'ai toujours fait preuve de compréhension et d'aide envers toi. Alors pourquoi subitement avoir cette perception ? Est-ce un sujet désagréable ?
- Peut être !!
- Mais comment ça, de quoi s'agit-il exactement ?
- C'est une histoire de fille !!
- T'as un problème avec une fille ?
- Mais non , pauvre idiot !!! Je veux dire une histoire qui ne concerne que les filles et dont tu ne peux pas comprendre.
- Et qu'est ce qui te fait croire que je ne pourrai pas comprendre ? Assez jouer à la peste, raconte moi donc ce qui se passe !!!

Farah finit par tout lui raconter : ces pressentis sentiments pour Jacques, tout ce qui se passait dans se tête en fait. Et comme toujours Victor a su la comprendre et a fini par l'éclaircir a ce sujet en essayant de lui expliquer Les causes de certaines sensations qu'elle lui a aussi expliqué.

Elle a bien du cran cette petite, car il en faut pour expliquer ce genre de chose à un garçon.

À présent , Farah n'est point toute seule, ils leur restent maintenant à savoir quel était l'intention de Jacques. Pour cela , ils comptent le mettre à l'épreuve sur tous les points, afin d'en conclure ses intentions.

Ils sont maintenant en vacances, les frères de Farah aussi , quand à Jacques il ira à l'école l'année prochaine car il n'y a pas encore été inscrit.

Ils ont tout leur temps devant eux, avant de faire face au bac et de s'organiser pour l'université. Jacques avait maintenant une nouvelle habitude , leurs rejoindre dans la bibliothèque, et suivre Farah dans tous les coins de la maison, elle en rougissait la pauvre. Tout en se disant pourquoi la suivait il ainsi partout où elle se déplaçait.

Espérons que les choses deviendront plus claires durant le dernier mois des vacances, car deux mois ont déjà été écroulé depuis.

Un matin de samedi, en se baignant, Farah entendit quelqu'un se faufiler dans sa chambre, et voulant savoir qui s'était, elle ne pris même pas le temps de finir de se baigner pour se précipiter dans sa chambre.

Sur qui va-t-elle sursauter ? Sur Jacques !! Et elle n'eut pas le temps de poser des questions, car ce dernier la ramena déjà dans ses bras et ses lèvres étaient déjà sur les siennes sans qu'elle n'eusse le temps de faire une quelconque revendication.

Ah la pauvre, qui a déjà perdu son souffle, elle sentait déjà la serviette se détacher sur elle. Emportée par l'hypnose de la douceur de Jacques, elle se laissa fondre de plaisir, jusqu'à oublier sous le ventre de ce dernier « sa virginité ». Ce fut pour elle une expérience satisfaisante même si c'était douloureuse de se sentir pénétrer. Ayant fini, elle pouvait avoir un bonus de toucher de la part de Jacques. Rien de plus ne peut la combler, le fait de sentir la langue de Jacques passer par son cou , sur sa poitrine et descendre plus bas, jusqu'à se faufiler jusqu'au plus profond d'elle-même.

Après quoi, Ils soupirèrent, se prirent l'un et l'autre dans les bras, et s'avouèrent leurs sentiments dont ils ont été obligé de se cacher ?

Pourquoi se les leurs cachés ? À cause des parents bien sûr. Que vont-ils en penser ? Farah est encore mineure, Jacques à 22 ans. Farah viens d'une famille bourgeoise, et lui des provinces. On imagine déjà les scènes. Et Victor que va-t-il en penser ? Il saura la comprendre j'imagine !! Comme toujours d'ailleurs !!

Ayant fini leur voyage dans le monde sensuel , Jacques sorti de la chambre, c'est là qu'elle remarqua le drap Sali par l'assassinat de la splendeur de son âme.

- Mais qu'aie je fait ? Comment je vais cacher cela ? Tout le monde sait que je ne lave jamais les effets de ma chambre, ni mes vêtements non plus !! Je vais trouver un moyen, je dirai que j'ai fait tomber la sauce de mon petit déjeuner dessus, oui ça marchera.

C'est ce qu'elle fit , puis elle continua sa journée et s'en alla tout raconter à Victor.

- T'as fait quoi ? T'aurais pu lui dire non, t'es qu'une Petite tepu !! S'exclama t'il après avoir appris l'histoire .
- Mais il est entré dans ma chambre, je ne m'y attendais même pas, tu sais bien que j'ai un faible pour lui.
- Bien sûr !! Et toi donc, tu lui a accidentellement ouvert tes jambes !!
- Tu m'a maintenant grièvement blessé , je m'en vais. Dit Farah en sortant de la bibliothèque, claquant fortement la porte derrière elle.

En sortant elle croisa les regards de Jacques qui a bien été surpris de la voir pleuré, il voulu la demander ce qu'elle avait mais elle a fuit. Et ce dernier sachant que ça pouvait avoir un certain rapport avec Victor se dirigea aussitôt dans la bibliothèque. Le voyant debout près de la fenêtre, avec un air très énervé, Jacques le questionna à propos de ce qu'il viens de voir.

- Jacques, je viens de voir Farah sortir d'ici en pleurant, aurais tu pu lui dire quelque chose qui l'ait blessé ? Demanda-t-il à Victor avec une mine d'inquiétude.
- Ecoute bien, ce que je vais te dire petit con, n'ose surtout pas m'adresser la parole dans cette maison après ce que tu viens de faire à ma cousine.
- Elle te l'a dit ?
- Bien sûr qu'elle me l'a dite sale pervers !!
- Mais pourquoi tu m'injures tant ? Y a-t-il un mal à ce que je prenne la virginité de la fille que j'aime et qui m'attire ?
- Bon sang !! Tu t'es regardé ? C'est tout ce que t'as dans le crâne ? Ses parents t'ont accueilli chez eux , c'est ainsi que tu comptes les remercier , en prenant la virginité de leur fille ? Espèce de….
- N'ose surtout pas !! C'est vrai que j'ai pas assez de richesse comme vous en aviez mais….
- Je ne te parle pas de richesse pauvre idiot !! Mais je te parle de la confiance que ses parents ont mis en toi , tout en sachant qu'ils ont une fille à la maison.
- Mais je ne leur ai rien volé jusqu'ici et elle non plus. Elle a écouté son cœur tout comme moi je l'ai fait.
- Ah bon !! Je me demande quel genre de cœur vous pouvez bien avoir tous les deux pour faire ce genre de chose et de penser qu'une quelconque relation pouvait être possible entre elle et toi ?
- Mais pourquoi tu t'acharnes tant ? Serais-tu jaloux ? N'est elle pas ta cousine ? Tu devrais être heureux du fait qu'elle ait pu trouver l'amour.
- Et tu ose me traité d'inceste ? Que veux-tu dire par n'est elle pas ma cousine ?
- Humm je vois bien que cette question te perturbe…

Voulant changer le point, car la question l'avait vraiment perturbé, Victor répondit :

- Tu dis que vous aviez écouter votre cœur ? Vous croyiez que c'est de l'amour que vous ressentiez l'un pour l'autre ?
- Que serait ce d'autres?
- C'est juste de l'attirance, pauvre idiot, et un jour ou l'autre vous finirez par le réaliser et vous en regretterez jusqu'à en payé le prix fort.
- Vois le comme tu le trouveras bon, mais n'ose plus la blessé !!!!

Puis Jacques se retira en claquant la porte, laissant ainsi Victor sans un mot et avec la crainte que Jacques ne susse qu'il était belle et bien amoureux de sa propre cousine.

Un mois est déjà passé et les enfants se préparent pour la rentrée des classes, on a déjà fait inscrire Jacques dans la même école qu'eux à ce qu'il paraît. Les deux soi-disant amoureux (moi je dirais attirés) n'ont plus adressé la parole à Victor depuis leur dernière dispute. Victor lui-même pense que c'est mieux ainsi, car il ne leur encourage pas dans leur petite crise d'ado , dont ils sont malheureusement incapable de discerner.

Les deux amoureux (attirés) vivent leur amour comme ils le désirent, tout semble être parfait pour eux car personne de la maison ne leur soupçonne, ils couchent ensemble quand leurs semble bon et où leur semble bon quand il n'y a personne à la maison.

Un samedi après midi, vers les deux heures, personne n'était à la maison, sinon Jacques et Farah. Ils eurent l'idée de jouer avec leur courage et leur accointance charnel. Ils se sont déjà déshabillés :

- Arrêtons donc cela Jacques !! Exclama Farah avec un regard de peur qui croisa celui de Jacques qui ne demandait qu'à faire plaisir à son corps
- Mais pourquoi chère ?
- J'ai peur que mes parents ne viennent me trouver dans cette position !!
- Ils ne vont pas rentrer tôt aujourd'hui.... Répliqua t-il en la rassurant.

Puis ils continuèrent leur petite activité. Après quelques bonnes minutes, la porte s'ouvrit. Les parents de Farah furent très surpris de la retrouver dans cette position, et Jacques, emporté par les émotions n'eut point le temps de retirer son engin en Farah. Il jouît en elle sans s'en rendre compte.

- Farah !! Que se passe t-il ? Dit moi que ce que je vois n'est pas réel !! Tels étaient les mots de Pierre, le père de Farah, en voyant la scène.

Entre temps, la mère de Farah avait déjà perdu connaissance. Sera-t-elle hospitalisé ? Malheureusement oui. Étant à l'hôpital les parents firent savoir à Jacques qu'il droit quitté la maison.

- Allô Victor !! Dit à Farah de dire à sa saleté de laisser tout de suite notre maison !! Car moi et ma femme ne saurions garder ce sujet qui nous a rendu que de la honte dans la maison. C'estlui qui a causé les douleurs actuelles de ma femme.

Ainsi Pierre fit passé cette nouvelle à Jacques au moyen de Victor par voie téléphonique. Cette nouvelle qui brisera le cœur de Farah en milles morceaux et elle ne pu s'imaginer dire adieu à son prétendant.

On doit admettre que Victor à beaucoup de caractère, car il a rapporté les mots de Pierre sans en changer une virgule. Après tout cette nouvelle est en sa faveur car il s'imaginait déjà se réconcilié avec Farah.

Jacques fit ses bagages, ce qui plût à Victor, mais pas à Farah, car son cœur s'est attaché à Jacques, du moins c'est ce qu'elle croyait. Puisqu'à ce que je vois c'est son corps qui y est attaché, sinon tous cela ne seraient arrivés. Nous savons tous bien que le vrai amour est sagesse et la sagesse est discernement et que le discernement c'est savoir faire ce qu'il faut quand il le faut et s'il le faut.

Ce n'est point les caractéristiques que nous trouvions dans la relation de Jacques et de Farah. Ils ne font que faire l'amour depuis qu'ils sortent ensemble et rien d'autres ne fait conformité dans cette soi-disant relation amoureuse.

Que fait Jacques ? Ses bagages. Et Farah ? La même chose semblerait il. Mais pourquoi Farah fait-elle ses bagages ? Elle le suit , puisqu'elle croit être amoureuse de lui. Ne feriez-vous pas la même chose si vous étiez amoureux (se) de quelqu'un ou mieux dire si vous pensiez être amoureux (se) de quelqu'un ? Bien sûr que vous le feriez !! Et ceci sans hésiter !! Eh bien c'est ce qu'elle fait, elle écoute son cœur, sauf qu'elle se trompe de cœur, c'est le spirituel qu'il fallait écouter.

Que dit Jacques en tout ça ? Qu'en pense Victor ? Ce dernier qui a toujours voulu le bonheur de sa cousine.

- Mais ma chérie, tu ne peux pas me suivre, tu sais bien que je n'ai pas Les moyens pour nourrir une fourmi . Que vais-je faire ? Demanda Jacques à Farah avec les larmes aux yeux.
- Attendez je peux vous aider, rétorqua Victor d'un ton partant. J'ai quelques centaines de dollars en ressources, je les donnerai à Jacques s'il me promet de prendre soin de toi Farah.

En entendant cela Farah sauta dans ses bras l'embrassa , lui remercia, et ils prirent route pour la campagne.

Sera-t-elle heureuse là bas ? Se demandait Victor.

Et lorsque ces quelques dollars seront fini , que feront ils ? C'est bien la question qu'on se pose.

Nous n'avons qu'à espéré que ses amoureux soient assez sains d'esprit pour voir comment ils pourront investir cet argent pour survivre parce qu'ils ne savent pas ce qui leurs attendent. Vous et moi nous posons des tas de questions, en se rappelant que Jacques a joui en Farah durant leur dernier rapport sexuel.

- Ta famille est si gentille avec moi !! J'en envie lorsque je pense qu'elle pourrait être ainsi avec quelqu'un d'autre si je n'étais pas à cette place. Ainsi disait Farah à Jacques après quelques mois à la campagne.
- Je sais, et ma famille t'aime tant que j'en suis jaloux. Répondit il en riant.
- Tu sais ? Il y a des choses qui déambulent dans mes pensées depuis ces derniers mois.

- Qu'est ce qui ne va pas ? Il te manque quelque chose ?
- Manque ? Si c'était ça j'en parlerais chaque jour !!
- Que veux-tu dire par là ?
- Ce que je veux dire ? Tu sais bien que ça n'a jamais été mon rêve d'habiter à la campagne !!
- Et pourquoi m'as-tu donc suivi jusqu'ici ?
- Tu oses me le demander ? C'est bien à cause de toi qu'on s'est retrouvé dans se pétrin !!
- Ok j'avoue !! C'est bien à cause de moi que « je suis » dans ce pétrin, mais toi c'était ta volonté de t'y retrouver.
- C'est ainsi que tu le vois ?
- Et comment devrais-je le voir ? Après tout je ne t'ai pas demandé de me suivre !!
- Mais Jacques, tu me blesses alors que je porte ta patrimoine !!! Ainsi avoua t'elle cette taciturne vérité à Jacques.
- Quoi !!!? Tu es enceinte ?
- Oui ....
- Et de qui donc ? La demanda t'il sans qu'elle eût fini de parler.
- De toi . De qui d'autre pourrais je l'être ?
- Et comment saurais je répondre à cette question ?
- Bien sûr que tu peux le répondre, puisque t'es jusqu'ici le seul homme qui m'ait connu.
- Mais que vais-je faire ? Répondit Jacques en pleurant.
- Et moi donc ? Mes études ? Mon avenir ? Mes rêves ?

Elle ne pu finir de poser des questions que Jacques se déplaça, la laissant pleurer sur la galerie.

Mercidieu, le père de Jacques, voyant de loin la scène, s'approcha d'elle et la consola. En la disant qu'elle n'a pas à avoir peur , et que l'avenir de son bébé est assuré.

Assuré ? Mais comment ? Ce sera un enfant de la campagne quand même : disait Farah en elle-même.

Des mois passèrent, et Farah n'avait eu aucune nouvelle de ses parents, peut être l'ont-ils oublié, se disait elle quelques fois. Son cher cousin la manquait et même ses frères parfois.

Elle se sentait briser la pauvre, elle rêvait de revenir à ses parents et de leurs demander pardon pour avoir ainsi trahi leur confiance. Elle ne peut faire cela , car elle porte maintenant un bébé, dont elle doit prendre soin.

Elle fait chaque jour face à la famine. Mais que pensait elle en suivant Jacques ? Et Jacques pourquoi ne l'en a-t-il pas empêché ? Il ne pouvait pas, non il ne le pouvait pas car l'argent que Victor lui a donné l'avait déjà rendu aveugle .

Et étant arrivé à la campagne, une semaine ne passa qu'il dévora tout l'argent en jouant au poker avec les habitants.

Peut être que vous en êtes surpris, mais c'est bien ce qu'il a fait. Pourquoi l'a-t-il fait ? Personne ne le sait, mais tout est clair maintenant, Jacques n'aimait pas Farah car l'amour c'est savoir prendre soin de l'autre. Farah non plus n'était pas amoureuse de Jacques. Ils étaient juste attirés l'un par l'autre.

Déjà 8 mois de grossesses, et Farah avait déjà du dégoût pour la vie. Comme vous d'ailleurs, puisque vous semblez ne plus avoir le courage de continuer l'histoire, mais elle est obligée de continuer à lutter pour sa survie et celle de son bébé, comme vous aussi vous deviez continuer l'histoire pour savoir comment ne pas vous faire brisé par vous-même.

Jacques de son côté souffre aussi, car il se retrouve maintenant obligé de travailler la terre du matin à l'angélus, car il a maintenant une responsabilité.

Un samedi, en se reposant, Farah venue s'asseoir à côté de lui pour discuter, elle commença ainsi :

- Jacques !!
- Qu'y a-t-il donc Farah ?!

C'est ainsi qu'ils se parlèrent puisque la misère avait déjà emporté le costume de soi-disant amour qui déguisait leur relation.

- Comment en sommes nous arrivés là ? N'avions nous pas eu autrefois une vie paisible quand nous étions chez mes parents ?
- Ne m'en remet pas la faute !! Car nous savions que rien ne t'as poussé à me suivre. T'aurais bien pu poursuivre ta grossesse chez tes parents, après tu pourrais reprendre tes études.
- Mais Jacques, mes parents ne l'accepteraient pas, car j'ai trahi leur confiance.
- Ce sont tout de même tes parents...... puis j'ai autres choses à faire que de rêver et de repasser des histoires antérieures.

Ainsi finit il en laissant Farah assise toute seule, brisée par ses réponses, et ne trouvant quoi penser.

Etant délivrée du produit de la conception depuis déjà deux ans, le ciel de Farah semble encore ne point vouloir S'éclaircir. Elle a maintenant 18 ans et est obligée de prendre soin d'une personne sans avoir le moyen de prendre soin d'elle-même.

Elle ne cessa de pleurer depuis son accouchement jusqu'à aujourd'hui. Quand est il du côté de Jacques ? Il est en prison !! En prison ? Malheureusement oui cher lecteur. Comment est il arrivé en prison ?

Après avoir volé un mouton à l'un des grands figurés du village paraît il. Il l'a fait dans l'intention de nourrir Farah et son fils Moïse.

Tout compte fait Farah semble ne pas être chanceuse, peut être que ce n'est pas à cause de la chance mais tout simplement parce qu'elle n'a pas pu faire la différence entre le fait que Jacques l'attirait auparavant et qu'elle était amoureuse de lui . Tout est clair pour elle maintenant, elle est consciente de s'être brisée elle-même. Elle est tombée si bas qu'on ne la reconnait plus, par le fait qu'elle soit si défigurée.

- Hayyy manman moin !!!
  Disait elle quand la souffrance était trop dure et qu'elle ne trouvait pas la force de s'arrêter de pleurer.
  Oh mon Dieu, regarde ce que je suis devenue, j'ai laissé ma famille et mes objectifs pour poursuivre celui que je croyais aimer et pour passer le restant de ma vie avec lui car je croyais que c'était le grand amour que j'ai trouvé ! Mais hélas..... je n'étais qu'un enfant et je n'avais point la capacité de faire cette Si grande différence entre l'attirance et l'amour ; cette dernière qui m'a laissé me brisé moi-même sans me laisser de trace ni de soupçon, pour que je sache qu'il ne s'agissait que d'elle(l'attirance) mais pas de l'amour.
  Et maintenant saurais je trouver le vrai amour ? Que vais-je faire durant les dernières années qu'il me reste ? Que serra la vie de mon fils , puisque je n'ai même pas eu le temps d'apprendre un métier, sinon j'aurais quand même une certaine expérience dans l'art. Ces choses étaient à ma portée quand j'étais chez mes parents, mais j'étais trop aveuglée par mes désirs charnels pour en profiter.

Moïse a maintenant 5 ans et Farah en a 21 , Jacques les a abandonné et il parti pour la ville. Reviendra t-il ? Non, puisqu'il ne semblait pas être parti dans le but de revenir. La vie de Farah est devenue dix fois plus dure qu'avant, et elle ne pouvait pas envoyé son fils à l'école, puisqu'elle n'avait même pas les moyens pour le nourrir. Parfois, quand elle ne trouvait rien à se mettre sous la dent, elle allait dans quelques maisons du village pour vendre sa chair à quelques compères qui n'avait point de femmes pour rassasier leur désir du sexe. Elle finit par maigrir, on ne pouvait voir que ses os .

Malgré tout cela , elle se retrouvait parfois dans des situations où on la violait et frappait, Moïse en tout cela ne pouvait rien faire puisqu'il n'était qu'un enfant. On le frapperait aussi s'il osait riposter en faveur de sa mère, donc il n'avait pas le choix, sinon que de soigner sa mère en toutes ces circonstances.

Un dimanche matin, alors qu'elle préparait le café dans la petite cabane qui se trouve derrière la maison et qui la sert de cuisine, elle regarda de loin et vit quelqu'un. Elle accourut de plus près pour confirmer qui c'était, car elle pensait que c'était Jacques. Mais, la personne qu'elle vit ne semblait pas l'être familière, c'était un jeune genre aimable, qui semblait dépasser la vingtaine et qui était de fort beau visage. Ce dernier était à la recherche de quelqu'un d'après ce qu'il affirma à Farah, et il n'était pas instruit sur le village et sur où la personne qu'il cherchait pouvait habiter. De ce fait, Farah lui forma le dessein qu'il reste avec elle pendant l'après-midi et après ils pourront discuter pour savoir comment il va trouver la personne qu'il cherche puisque Farah connaît fort bien le village et les gens qui y habitent.

En buvant le café, Farah eu l'idée de lui poser quelques questions pour apprendre certaines choses de lui , car il semblait être fortuné à ses yeux ; elle dont la conscience n'est point dérangée par l'idée qu'elle puisse lui offrir sa chair pour s'acquitter de ce dont elle a besoin qui n'est autre que l'argent.

- Comment trouvez vous le café ? Est-ce à votre goût jeune homme ?
- Oui madame, merci..

- Mais de rien.... Vous n'aviez pas à me remercier car vous semblez tout mérité.
- D'accord madame. Comment devrais-je vous appeler ?
- Je suis Farah, et lui c'est mon fils Moïse.
- Farah , vous dites ? Demanda-t-il curieusement et avec les larmes aux yeux car il ne voulait pas croire à ce qu'il voyait....
- Mais , pourquoi pleurez vous donc ? Quelques choses en ce que j'ai dit a pu vous déranger ?
- Farah !!! C'est moi !!! Tu ne me reconnais pas !! Exclama t'il avec encore plus de larmes aux yeux.
  C'est moi.... Ton cousin Victor !!

Aussitôt qu'il n'eusse fini de parler, que Farah se trouvait déjà par terre. La honte et le choc l'emporta ainsi dans l'inconscient.

Victor voyant cela, la releva et la mit sur le seul lit qui se trouvait dans la maisonnette et il sorti dehors pour aller pleurer en attendant que Farah se réveille.

Il eut honte de rester près d'elle, se disant qu'il soit peut être coupable de la situation dans laquelle se trouve sa cousine. Le cousine qu'il chérissait tant, il se dit qu'il n'aurait jamais dû la laisser partir avec Jacques. Ce dernier qui l'a abandonné pour aller je ne sais où et pour faire je ne sais quoi.

Toutes sortes d'idées et regrets passent par la tête de Jacques, se faufilent dans ses larmes pour ensuite finir sur son visage. Un visage dans lequel on pouvait voir une si profonde désolation !! Il pensait à se suicider le pauvre, il se sentait honteux de revoir le visage si maigriot de sa cousine et il voulut s'enfuir pendant qu'elle était inconsciente .

Mais en y réfléchissant, il s'est rendu compte qu'il était la seule personne sur laquelle Farah pouvait compter pour la ramener de ce pétrin dans lequel elle s'est mise. Il se fit ainsi la promesse de prendre soin d'elle et de la soutenir. Non seulement elle mais aussi son fils, et sans cela Farah mourrait dans ces bois.

La route a été assez longue pour Victor, puisqu'il avait sur sa charge deux personnes en la faisant. Arrivé à la maison, Victor fit installer Moïse dans sa chambre et Farah dans la sienne, c'est là qu'elle se ranima de son évanouissement . Elle s'assit sur son lit, et fit voyager ses regards dans tous les coins de la chambre jusqu'à ce que ces derniers tombent sur Victor qui était assis sur un fauteuil près de la porte. Elle n'hésita pas à lui demander :

- Où suis-je vic ? Comment suis-je arrivée ici ? Pourquoi ai-je si mal à la tête ?
- Tu es chez moi qui est aussi chez toi , tu t'es évanoui hier dans l'après-midi , et tu ne t'en es pas sorti. Alors, puisque c'est toi que je suis allé chercher à la campagne, je t'ai donc amener ici avec moi , toi et ton fils.
- Alors, j'ai passé une journée sans connaissance ?
- Oui chère cousine, mais t'as rien à craindre puisque le médecin viendra t'ausculter dans quelques heures.
- Mais pourquoi tu m'as amené avec toi ? Penses-tu pouvoir nous supporter moi et mon fils ?

- Comment saurais je ne pas le faire ? Je le ferai ! Et ceci avec tout mon cœur et tout ce que j'ai.
- Cher cousin !! Exclama t'elle avec larmes aux yeux. Comment pourrais je te remercier pour tout ce que tu est entrain de faire pour moi et pour cette consolation que tu as pu m'apporter ?
- Il y a pas moyen , et il ne faut surtout pas en chercher car tout ce que je fais pour toi , je le fais gratuitement et uniquement par amour.
- Merci infiniment…. Merci

Ils n'eussent fini de se câliner que le docteur rentra dans la chambre pour ausculter Farah.

- Mais on se connait. Dit Farah en voyant le docteur.
- Ah bon vous me connaissez madame ? Votre regard me semble familier vous aussi !

Ils se connaissent ? Oui, puisque ce docteur était une connaissance d'enfance de Farah, elle l'a rencontré dans une foire . Ça date d'une dizaine d'années environ. Comment Farah a-t-elle pu se souvenir de lui ? Ça on ne le sait pas.

À ses mots, le docteur fini de l'ausculter et la prescrivit quelques médocs pour soulager la migraine qui d'après lui ne durera pas plus qu' une semaine.

Victor l'accompagna jusqu'à la sortie :

- Je ne savais pas que vous aviez une concubine Mr Victor. Dit le docteur Jean, dans l'intention de s'informer au sujet de Farah, sous le charme de laquelle il s'est laissé abattre malgré le triste état de cette dernière.
- Ce n'est pas du tout le cas docteur, Farah est ma cousine. Lui répondit il avec fierté.
- Je ne savais pas que vous aviez une cousine. Elle est forte belle.
- Merci docteur.
- Aurait elle un mari ?

- Non docteur, et je ne peux me permettre de croire que cela puisse vous intéresser puisque vous êtes un homme marié.
- De la sorte ? Et qui a dit qu'un homme marié ne pouvait pas s'intéresser à une autre femme ?
- Personne ne l'a dit Mr jean. Et vous en êtes librement permis par vous-même. Mais, sachez en toutes ces choses que vous pouvez vous permettre toutes les femmes que vous voulez mais pas ma cousine.
- On verra bien Mr Victor, on verra bien...... Dit-il en laissant Victor avec bien des idées dans la tête.

Victor n'hésita pas à en parler à Farah la disant de repousser le docteur au cas où il viendrait vers elle. Puis, il prit le soin d'ajouter qu'il était marié. C'est bien ce qu'elle fit quand le docteur fut venu vers elle. Elle a même fait en sorte qu'il ne revienne plus. Comment s'en est elle prise ? Personne ne le sait.

Déjà quelques mois écoulés, Farah semble déjà reprendre sa forme et rajeunir de dix ans. Et son fils va déjà à l'école. La vie lui sourit, elle ne songe maintenant qu'à reprendre ses études et avoir les nouvelles de ses parents. Elle n'hésita pas à s'en informer auprès de Victor :

- Victor !!! Vic !!!
- Je suis ici Farah !!
- Mais où ça ? Je ne te vois pas.
- Jette un regard sur le balcon...

C'est ce qu'elle fit . L'ayant vu elle le rejoignit.

- Pourquoi m'appelais tu ? Quelque chose ne va pas ?
- Tout va bien Vic, je voulais juste discuter un peu.
- Ok je comprends, alors de quoi veux tu discuter ?
- C'est..... je voulais juste... je voulais savoir si..

- Mais parle !! Tu veux savoir quoi ?
- D'accord je vais venir droit au but ..
- T'as tout le temps qu'il te faut pour cela ma chère .
- Tu sais ? Ces dernières années, j'ai beaucoup regretté le fait que j'ai pu violer la confiance de mes parents. Du coup je voudrais avoir de leur nouvelle ou mieux encore entrer en contact avec eux , pour m'excuser auprès d'eux.
- Je te comprends parfaitement Farah.
- Comme tu as toujours su le faire vic.
- Oui, en effet. Et puisque t'es venue au sujet, je vais tout t'expliquer. Après ton départ, étant ranimée de son évanouissement, ta mère voulut rentrer chez elle le plus vite que possible pour pouvoir te parler et savoir ce qui a bien pu te pousser à coucher avec Jacques. Mais en rentrant elle fut si surprise de ce que tu aies pu t'enfuir avec Jacques qu'elle fit subitement une crise cardiaque, et malheureusement elle n'y a pas survécu. Ton père, de sa part, t'as haï depuis ce jour jusqu'à aujourd'hui en se disant que tu as gâché le bonheur de sa vie en causant la mort de sa femme.

Victor ayant fini de lui expliquer tout cela, se retourna pour la consoler tout en sachant qu'elle allait pleurer de regret. Mais en se retournant, il ne vit que le corps allongé de Farah par terre, cette dernière qui s'effondra dans le coma.

Pas un jour ne passa sans que Victor ne pris le soin de la rendre visite à l'hôpital. Elle y passa un mois et quelques jours, son fils venait parfois la rendre visite accompagné de Victor.

Après cela elle se réveilla, et ceci avec la plus triste des surprise. Elle n'a pas pu reconnaître Victor. Mais qu'avait elle ? Était ce à cause du choc ? On ne sait pas. Ou peut être que ça passera ? Oui , peut être mais ça fait des jours que les docteurs la suivent et elle semble avoir perdu la mémoire. Ils disent que c'est à cause de la nouvelle et d'une manque d'abréaction suite à cette dernière. Ils annoncent aussi qu'elle pourra recouvrer la mémoire, mais seulement après avoir vu tout les endroits et les personnes auxquelles elle était habituée auparavant, cela réanimera ses souvenirs et ainsi elle pourra se rappeler de tout.

Le docteur qui s'occupe d'elle est un ami de Victor, il s'appelle Georges, il est célibataire et semble beaucoup apprécier Farah.

Victor, Georges, et Moïse accordèrent tous les soins et attentions dont Farah avait besoin pour recouvrer sa mémoire. Ils ont enfin réussi cet exploit au bout de cinq longues années.

S'étant rappelée de tout, et ayant entendu tous les péripéties qu'elle a enduré, elle prit le temps de remercier ceux qui l'ont accompagné au bout de ces longues années.

Le docteur Georges en profita pour lui demander sa main en mariage. Elle accepta sans hésitation, parce qu'elle l'aimait depuis le premier jour qu'elle l'a vu . Et lui aussi il aimait Farah d'un amour éperdu . Elle accepta de se marier avec lui avec la permission de Victor et de Moïse. Leur mariage fut d'une spectacularité époustouflante , c'était semble t'il le plus beau jour de la vie de Farah, car on pouvait voir sur son visage le beau sourire que tous ces années ont emporté dans leur fleuve de tristesse . Elle était si belle, elle vivait la vie dont elle rêvait, et semblait être dans son plus grand calme. Elle ne sait pas combien de temps sa joie va durer, mais elle paraît bien décidée d'en profiter.

Même son père, en apprenant la nouvelle fut heureux pour elle. Et qui pourrait ne pas l'être ? Vous et moi ? Surtout pas !! Car je suis plus qu'heureuse pour elle. Peut être que ça pourrait être vous, mais je ne saurais m'appuyer sur cette affirmation car je vois bien le sourire remarquable sur votre visage en lisant le paragraphe du mariage de Farah.

Le mariage de Farah est une avantageuse réalisation pour elle. Ça lui permettra de faire un croix sur le passé, mais aussi d'oublier totalement Jacques.

Enfin, elle connut le vrai amour, un sentiment qu'elle n'a jamais ressenti jusqu'à aujourd'hui. L'on doit admettre que ce sentiment est largement différent de celui qu'elle ressentait pour Jacques , ça se voit parfaitement bien. Désormais, elle n'a plus les mêmes désirs qu'avant, elle n'est point traitée de la même manière qu'avant. Quand elle est au côté de Georges son cœur ne bas pas comme quand elle était au côté de Jacques, bien que ce n'est pas le cœur qui se trouve dans sa poitrine qui se mettait à battre pour Jacques mais plutôt celui qui se trouve entre ses jambes.

Je ne dis pas qu'elle n'a pas de désir sensuel pour Georges, bien au contraire elle en a en abondance, à la seule différence que cela se fait avec conformité aux usages établis par eux bien avant de s'être mariés.

Comme je l'ai dit auparavant, le vrai amour est sagesse, le vrai amour est discernement de ce que l'on doit ou ne doit pas faire. De toute façon je ne saurais en parler, puisque je ne suis pas assez mature pour cela , et aussi parce que je n'y connais rien.

Oui , en effet je n'y connais rien, mais il fallait que je vous mettent en garde, en ce qui a trait à tout ce qui peut nous arriver quand on ne prend pas le soin de faire cette différence entre l'attirance et le vrai amour.

Puisque vous aviez vu le comportement de Farah en tombant sur Jacques, vous sauriez en déduire les qualités de ce fait qu'est l'attirance. Et puisque vous vous apprêtez à voir les différents comportements de ces nouveaux mariés, je conclus que vous sauriez en déduire la définition du vrai amour.

Sachez en toutes ces choses que le mieux à faire ce n'est pas de connaître séparément par cœur et par tête les différents caractéristiques du vrai amour et de l'attirance , mais plutôt de savoir réunir les techniques nécessaires pour obtenir cet esprit de discernement qu'il vous faudra pour pouvoir faire cette différence.

Entre temps, qu'en est il du côté de Jacques ? Il est emporté par le courant de la gangstérisation ou mieux dire le système banditisme. Vous me paraissez bien surpris cher lecteur, mais, le banditisme n'est il pas si bien reconnu de nos jours qu'il est devenu le rêve parfois chéri de nos enfants d'y participer ?

Voyez vous ? C'est la vie que mène Jacques désormais, il a déjà oublié Farah et Moïse, depuis qu'il s'y est intégré. Il est devenu sans âme et sans aucune conscience et ceci, jusqu'au point de vouloir s'enrichir . S'enrichir comment ? C'est ce que nous nous demandions vous et moi. Il compte s'enrichir par le moyen du kidnapping et en dérobant les grandes boutiques et magasins de certains bourgeois desquels il s'informe toujours avant de passer à ses actes .

Farah de son côté jouit de tous les plaisirs que son mariage puisse lui apporter. Parfois c'est dans la chambre, parfois dans la salle de bain, parfois dans la cuisine, parfois dans la bibliothèque, dans la piscine et tous les autres endroits que nous pouvions imaginer existant dans la maison.

Georges sait comment la faire jouir en quelques secondes, il sait aussi comment la retenir dans le seul but de la faire hurler de plaisir, et trembler sous l'effet de la douceur et la gravité des différentes sensations qu'il peut la faire ressentir rien qu'en la touchant et en permettant à sa langue de voyager dans les endroits les plus exquis de son corps.

Elle n'a jamais été aussi satisfaite de ses relations sexuelles. Elle connaissait maintenant tous les délices que pouvait lui apporter un homme, elle était dépourvu de toute tristesse rien qu'en étant dans les bras de son homme.

Ses expériences l'ont permis d'avoir souvent une perception de quelque chose qui vient au contact avec son corps . Ça n'était pas du diable mais ça venait tout simplement du fait qu'elle connaisse enfin les avantages délectables du vrai amour.

A ses yeux, Georges était considéré du plus haut point, car il est le seul à pouvoir animer en elle cet effet psychophysiologique modificateur et fabricateur de sixième sens. Farah peut jouir juste par le fait d'y penser .

Elle ne pouvait même pas regarder Georges dans les yeux. Elle était auprès de ce dernier la femme la plus attentionnée, et il ne pouvait ne pas penser à elle ne serait ce qu'une seconde. Ils ne pouvaient s'imaginer se séparer un jour, ils semblaient être faits l'un pour l'autre.

Était ce le cas ? Selon moi , c'était clairement le cas. Êtes vous du même avis que moi ? Pourquoi ne le seriez vous pas ?

Farah était tellement amoureuse de Georges qu'elle n'osait même pas s'imaginer avec un autre, il en était de même pour lui. Ils se respectaient , se soutenaient réciproquement.

Leur couple n'était pas parfait mais puisqu'ils étaient toujours près à se sacrifier rationnellement pour sauver leur relation de tout les dangers qui pouvait apparaître sur leur chemin, rien ne leur paraissait impossible, bien que des fois les choses pouvaient être très difficiles.

Nous pouvons en conclure que c'était un amour presque parfait, puisque quelque chose de vrai n'est pas obligée d'être parfaite. Est-ce cette seule mode de vie qu'il reste à Farah de vivre ? Cette vie de fin d'histoire heureuse que la majorité des lecteurs aiment tant ? Nous allons bientôt le savoir. Entre temps, la seule chose sur laquelle je peux vous éclairer l'esprit, c'est qu'il se peut que ce que vous attendiez à la fin de cette histoire n'arrive pas . Après tout, vous seul pouviez savoir ce que vous attendiez de Farah et personne d'autre ne peut se permettre d'affirmer de savoir que Farah ne vous décevra pas. Ou peut être que quelque chose d'autre arrivera ? Peut être que ce n'est pas elle qui trahira mais plutôt elle qui serra trahi.

Mais qui voudrait la faire quelque chose de ce genre ? On sait bien que Farah est bien entourée ? Est-ce qu'une simple imagination de notre part ? Nous le saurons !! Au temps voulu, nous le saurons.

Déjà dix ans de mariage et le couple semble être inséparable. Le cœur de Farah est entre de bonne main. Et Moïse ne peut qu'être heureux pour sa mère, il appelle Georges « papa » puisque c'est ainsi que ce dernier est considéré à ces yeux.

Moïse est déjà à l'université, et sa mère a eu le temps de reprendre sa vie, elle est devenue avocate .

Est-elle satisfaite de sa vie malgré son passé ? Oui, et son mari est très fier d'elle, sans oublier son cousin Victor qui sourit toujours rien qu'en pensant à la personne qu'elle est devenue.

Ils vivent une vie en rose , et son fier de pouvoir jouir de ce conte de fée.

Les choses resteront ils ainsi ? On ne le sait pas encore. Et Moïse, est-il totalement heureux ? Il dit toujours que oui . Saurait on le confirmer ? Pas vraiment. Mais pourquoi pas ? On ne saurait le confirmer après la conversation qu'il a entrepris avec sa mère avant-hier, pendant qu'ils étaient entrain de regarder un programme télévisé :

- Mère, puis je te poser quelques questions ?
- Quelles questions peux-tu bien vouloir me posé ? Est-ce au sujet des filles ? Lui demanda Farah avec un sourire intentionné.
- Non mère, tu sais bien que les filles ne m'intéressent pas, c'est d'autres choses dont je veux qu'on Parle.
- Pourtant tu devrais t'y intéressé.
- Et pourquoi donc ?
- Assez poser les questions jeune homme !! Et dis moi de quoi tu veux parler.
- C'est au sujet de mon père, je me souviens que tu me disais que tu m'expliqueras tout lorsque je serrai prêt. Maintenant je me sens prêt pour affronter cette réalité dont tu me parlais.

Ainsi, Farah fini par tout lui expliquer, mais elle ne lui a pas dit que son père était devenu un bandit car elle ne le savais pas.

- Tu ne l'a jamais revu ? Demanda-t-il après avoir tout écouté.
- Non , et je ne compte pas le revoir.
- Mais pourquoi n'as-tu pas chercher à le retrouver ?
- Parce qu'il nous a abandonné mon fils. Il l'a fait exprès.

En entendant ces mots, Moïse fondit en larmes, car il ne pouvait pas croire que son père l'eût abandonné et qu'il ne pourra plus le revoir.

Que va-t-il faire après avoir obtenu les informations qu'il voulait ? Va-t-il s'en remettre le pauvre ? Saura t'il faire face à cette réalité qu'il soit abandonné par son père ? Nous ne pouvons qu'espérer qu'il s'en remettra, sans quoi le bonheur de Farah sera en danger . Et celui de son mari aussi puisqu'ils se complètent. Cela pourrait mettre en danger l'avenir du couple. Ce couple qui rêvait de vieillir ensemble. Le plus important en tout cela c'est Moïse, faut pas qu'il soit affecté pour ne pas affecter Farah car une autre crise peut l'affoler. C'est ce qu'a diagnostiqué Georges lorsqu'elle était dans le coma.

Moïse, après avoir appris ces choses, ne cru point aux mots de sa mère. Il se fit d'autres idées . Il était si profondément enraciné dans sa tristesse qu'il fini par passer des jours sans aller à l'université.

- Je ne peux pas croire un mot de ce que ma mère m'a dit. Je ne peux imaginer pendant une seconde que mon propre père ait pu me trahir de cette manière , en nous abandonnant moi et ma mère, sans que je ne puisse avoir le temps de le connaître et lui aussi de me connaître.
  Peut être m'a-t-elle menti ? Peut être qu'elle voulais simplement que j'oublie mon vrai père pour pouvoir accepter sans

encombres le nouveau père qu'elle m'a offert. Je sais bien que j'ai vécu sans lui, et que je ne l'ai jamais revu depuis mon malheureux enfance, mais je suis persuadé que s'il le pouvait il rentrerait en communication avec moi.

Je pense que c'est à cause de ma mère qu'il ne l'a pas fait, il a tout simplement peur qu'elle ne le repousse. On ne sait jamais !! Peut être lui aurait elle fait des menaces pour qu'il ne rentre pas en contact avec moi. Je sais que mon père m'aime et je l'aime aussi, de ce fait, je ne compte pas rester sans rien faire. Je vais me débrouiller pour retrouver mon père et pour rattraper le temps perdu car j'ai maintenant besoin de lui .

Ce soir je rassemblerai tous ce dont j'aurai besoin, et demain je partirai à sa recherche, je ne rentrerai pas chez moi sans que je ne l'eusse retrouvé.

Sur ses mots, il fit ses affaires, rassembla tous ce dont il avait besoin (argent et autres produits de première nécessité) puis il alla s'endormir.

Mais il ne pu s'endormir, car trop de pensé troublait sa mémoire. Il pensait à sa mère. Et nous aussi nous pensions à elle. On se dit comme lui : que ferra t'elle quand elle ne verra pas son fils à la maison ? Elle dont l'âme est si fragile ,et qui risque de faire face à une folie sans aucune chance de guérison si son cerveau subissait le moindre petit choc .

Qu'est ce qui attend Moïse ? Quelle nouvelle expérience va-t-il entreprendre ? Quelle surprise lui attend sur la route vers son père ? Va-t-il pouvoir retrouver ce bonheur dont il a soif ?

Pourquoi n'en a-t-il pas parlé à sa mère ? Elle qui sait si bien le comprendre .Est-ce un sujet trop délicat ? Pas du tout, après tout c'est sa mère d'autre en plus qu' il s'agit de retrouver son père, Farah en serait grandement partante. Nous savions très bien, vous et moi qu'il n'y a pas plus sage qu'une personne qui a déjà fait face à bien des souffrances dans sa vie. Saurait elle comprendre son fils et le conseiller à ce sujet ? Bien sûr qu'elle saurait le faire.

Dommage qu'il n'eut pas décidé de l'en parlé. Il se trouve assez grand pour gérer ses galères lui-même et il est si bête qu'il pense déjà pouvoir résoudre un dilemme rien qu'en se posant des questions soi-disant logiques et rationnelles.

Il se lève de bonne heure pour prendre la route, il s'est assurer de s'informer auprès d'un ami policier , ce dernier qui lui fournit des renseignements sur son père, lui disant que c'était un chef de gang mais cela ne lui a pas poussé à reculer.

Son ami lui donna toutes les informations dont il avait besoin pour retrouver son père, il lui informa sur l'endroit où il se trouvait, comment le rejoindre, et comment s'approcher de lui.

Ces infos lui seront très utiles puisque sont père est un psychopathe, c'est quelqu'un duquel on ne peut s'approcher comme on le désire, parce qu'il peut à tout moment perdre le contrôle et tuer tous ceux qui l'entourent. Ceux qui le connaissent l'appellent « le loco » ,celui qui n'a pas peur de tuer quelqu'un et de boire son sang après.

C'est bien de cet homme que Moïse est né, disons merci à sa mère, car sans elle il ne saurait être un garçon de bon renommé.

Arrivé à l'endroit où il devait trouver son père, c'est une séance de tire qu'il trouva. Et n'ayant aucune expérience en ses choses il voulu courir pour échapper à ce désastreux scénario, mais soudain quelqu'un vient à lui prendre en otage.

Qui donc était ce ? C'est la question que Moïse se posait. En ce moment, C'était deux groupes de gangs qui étaient en guerre et celui qui tenait Moïse n'était autre que son père Jacques, il le tenait par derrière et enfonçait son arme dans sa tête.

Aussitôt accoururent les hommes de l'autre groupe qui lui dirent :

- Qui est ce jeune homme, lequel tu retiens comme otage ?
- N'essayez pas de m'amadouer !! N'est t'il pas l'un des vôtres ?
- On ne le connait pas, relâche le pour qu'il puisse partir, car c'est toi que nous venons tuer « loco » .

En entendant l'homme de l'autre clan appeler l'homme qui le tenait de ce nom , il se souvint des informations que son ami le policier lui a donné.

- Père est ce bien toi ? Demanda t'il à Jacques qui le tenait encore comme otage.
- Moïse !!! Est-ce bien toi mon fils ? Répondit Jacques en le relâchant.

On pouvait voir un sourire mélangé avec de la tristesse sur le visage de Moïse lorsqu'il se retourna pour regarder son père. Ce dernier qui avait déjà les yeux bien remplis de ses larmes, et sur le visage duquel on pouvait voir bien des regrets et toutes les souffrances qu'il a pu enduré dans cette vie solitaire d'âme perdue.

Quelles souffrances ? Et quelles tristesses ? Quels regrets aussi ? Ne serions nous tromper sur le fait d'avoir dit qu'il a déjà oublié sa famille ? Pas vraiment... sauf qu'il ne les a pas subitement oublié comme nous l'avions affirmé , mais tout simplement, il a choisi de le faire au fil du temps, puisqu'il disait qu'il n'avait rien à leur offrir, de ce fait il a choisi de leurs laisser vivre leur vie paisiblement.

- Ahhh loco !! Quelle est cette comédie à laquelle tu nous fais assisté ? Demanda le chef du clan adverse à Jacques. Serais tu entrain de nous faire croire que tu puisses ressentir un quelconque sentiment ?
- Ce n'est point une comédie, et lui c'est mon fils Moïse, lequel j'ai du abandonné et avec j'ai laissé mon âme et tout autre sentiment qu'un être humain puisse ressentir, dans le seul but de ne pas le faire souffrir.
- Ah bon, toi donc tu t'abstenais à faire souffrir quelqu'un ? Toi qui ne faisait que détruire la vie de tous ceux qui croisait ton chemin ? Je ne peux me permettre d'y croire.

Après avoir entendu ces choses, Moïse dit à son père :

- Est-ce vrai ce qu'il dit père ? Parmi tous ces gens, aurais tu tué des enfants ?

Le chef du camp adverse ne le laissa pas finir ses questions, et il dit :

- Épargne nous cette mascarade loco !! Et relâche ce petit pour qu'on puisse en finir avec toi, sinon vos vies passerons sur les brises de mon arme et de ceux de mes hommes !!
- Ce n'est point une mascarade. Mon fils est venu me chercher, je me battrai pour sauver sa vie et ma vie aussi, puisque je compte

partir avec lui et faire son bonheur. Après quoi je ferai sa fierté en changeant ma vie.

Sur ses mots, il rebondi Son âme en faisant passer son fils par derrière lui. À ces mouvements, le clan adverse se mit à tiré sur eux, Jacques était déjà par terre.

Et Moïse ? Il s'est échappé !! Du moins c'est ce qu'il croyait car on vient de le surprendre au bout du chemin. Qui vient de le surprendre ? L'autre clan bien sûr.

- Lâchez moi messieurs !!! Laissez moi partir car je ne vous ai rien fait et vous m'avez déjà tout pris en ôtant la vie de mon père ! À quoi bon ôter ma vie aussi puisque sa richesse était en celle de mon père ?
- On ne peut pas te relâcher !! Parce que tu as été témoin de ce qui vient de se produire et tu as pu voir nos identités.
- Alors tuez moi et vous verrez !!! Faites le si vous le pouviez, et ma famille vous poursuivra en justice. Osez donc toucher ne serait ce qu'une branche de mes cheveux, et vous connaîtrez l'enfer sur terre !!

En entendant ces promesses, le chef de clan fût remplis de peur et, ne laissant pas finir Moïse de parler, il l'assomma d'une balle sur le front.

C'est ainsi que Moïse s'effondra par terre laissant ainsi une vague de tristesse derrière lui. Une vague qui semble être très dangereux pour la famille de Moïse puisque cette dernière risque de plongée dans une profonde tristesse.

Voyez vous le pétrin dans lequel il s'est mis ? Il aurait dû croire à sa mère et continuer sa vie avec la famille qui lui a été offert. Son âme pourra t'elle reposer en paix ? Certainement pas…

Quand à leurs âmes, ils semblent déjà se rejoindre dans leur lieu de repos , pour se reposer bien sûr. Mais hélas, ce sera un repos sans paix puisqu'ils ont laissé derrière bien trop de bruit de tristesse qui pourront leurs hanter jusqu'au lieu où ils se trouvent.

N'est-ce pas un gâchis ? La vie de Moïse à été gaspiller !! Par le simple fait qu'il ait été trop rebelle pour écouter sa mère, il a donc été brisé par lui-même, jusqu'à ce que son corps en souffre et sous l'effet de ce dernier son âme s'est brisé à son tour.

Mais, est-ce seulement de sa faute ? Pour répondre à cette question, il nous faut revenir au fait le plus important. Quel est donc ce fait ? C'est la question que l'on doit se poser. Ce fait n'est autre et ne peut être autre que ce choix que Farah à fait au cours de son adolescence.

Je vois bien vos souvenirs déambuler à travers vos yeux, mais je compte quand même vous éclairer de Max à ce sujet. Nous parlons bien dans les lignes précédentes du choix de se livrer à Jacques. Ce dernier lui, qui a profité de l'innocence de Farah lorsqu'elle n'était qu'une adolescente incapable de discerner le simple fait que Jacques lui attirait et non qu'elle l'aimait.

Je vois bien que cela vous semble irréaliste, qu'une simple décision prise dans l'adolescence, puisse ainsi faire apparaître ses conséquences pendant l'âge adulte. Mais vous devez y croire car vous voyez bien que ce choix l'avait déjà fait souffrir pendant son adolescence même.

C'est assez incroyable n'est ce pas ? Farah ne mérite pas cela !! Mais de toute façon elle l'a choisi ainsi sans le savoir. La mort de son fils serait il aussi de sa faute ? Pas tout à fait, mais on droit dire que si elle avait elle-même contacter Jacques pour son fils dès son arrivée chez Victor, tout cela ne serait arrivé.

Que pouvez-vous vous en conclure ? Seul vous le saviez. Quand à moi, j'en conclus que Farah n'aurais jamais dû se livrer à Jacques et que après l'avoir fait elle aurait dû s'efforcer d'aimer Jacques jusqu'à ce jour, car si elle avait fait cela , son fils ne serait pas mort en Se transportant à la poursuite de son père.

Puisque je vous vois vous inquiéter trop au sujet de Farah , veillons voir ce qui se passe de son côté. Qu'en est il du côté de Farah ? Elle s'est évanouie. Mais quand s'est elle évanouie et pourquoi ? Elle vient tout juste de s'évanouir en apprenant la nouvelle du décès son fils.

Lequel elle a passé toute une journée à chercher , car elle fut très inquiète du fait qu'il s'en est parti sans laisser un mot. Elle ne pût croire qu'il était mort. Étant réanimée de son évanouissement, elle voulut se rendre sur le lieu du crime , mais ses pieds ne pouvaient l'y amener. Son mari la conduisit malgré cela, car elle tenait beaucoup à voir son fils.

Arrivé sur le corps, elle ne le reconnu point car il semble que son visage eût été criblé de balle par les membres du gang après que le chef du groupe l'eût donné une balle dans le front .

Elle s'écria alors, en tombant sur le corps, n'ayant pu trouver la force de se tenir debout ;

- Oh mon Dieu !!! Dit moi que ce n'est qu'un simple cauchemar, duquel je dois tout de suite me réveiller !!! Et si s'en est bien un , réveille moi-en tout de suite. Je préférerais en tout cela que ce soit un cauchemar, car cela pourrait être passagers.
  Moïse !! Réveille toi mon fils, toi qui m'as entraîné avec toi dans ce cauchemar par je ne sais quelle procédure psychique !! Moïse parle moi donc s'il te plaît !!

Ainsi disait Farah, ne pouvant se retenir de pleurer. Personne ne pouvait la consoler, pas même son père qui était venu pour elle.

Elle passa quatre jours ainsi, le cinquième jour, un samedi, jour de dire adieu aux corps de son fils, elle se réveilla sans rien dire. Durant la cérémonie funéraire, elle ne dit rien non plus, ce n'est pas du tout la scène que son mari imaginait . Se sentant inquiet , il la dit :

- Ma chérie, je comprends que la mort de Moïse t'affecte jusqu'à s'emparer de ton sourire, ce sourire que je promets de te ramener si tu m'en donne l'autorisation.. par ce fait, j'ai remarqué que tu ne dis rien depuis ce matin, je me suis donc permis de t'en questionné pour savoir ce qui ne va pas et d'y remédier.

À ces mots, Georges s'attendit à une réponse rassurante de la part de sa bien aimée. Mais ce n'est pas ce qui se produisit car après l'avoir écouté Farah le regarda droit aux yeux, et se mit à lui sourire de toutes ses dents.

Était ce une réponse ? Ou mieux dire, une réponse rassurante ? Ça pourrait l'être, mais les circonstances ne l'en permet pas. Le cœur de Georges en palpita jusqu'à ce qu'on puisse le remarqué dans ses yeux.

Et désormais au lieu d'être réconforté , il se retrouve dans une vaste inquiétude, se demandant ce qui pouvait arriver à Farah.

Que se passe t-il ? Qu'est ce qui est entrain d'arriver à Farah ? Pourquoi sourire alors qu'elle assiste à l'enterrement de son fils ? Aurait elle perdu la tête ? Vous vous souvenez du dernier diagnostic de Georges ? Celui qui soupçonnait un affolement au cas où Farah aurait eu un certain choc émotionnel. Georges paraît ne pas s'en souvenir.

Et voyant le comportement de Farah, il s'est dit que ça passera, et que c'est à cause de la fatigue qu'elle affiche ce geste. Ce n'est pas qu'il est indifférent face à ce qui se produit, au contraire, il veut juste garder son calme pour ne pas affecter sa femme.

Et nous en tout cela ? Nous ne pouvions rien faire d'autre que prier pour que ça ne soit qu'une crise de circonstance et que ça passera dès qu'elle regagnera sa demeure et qu'elle se reposera .

Entre temps, Victor , Georges et son père Pierre la console et la questionne , mais elle ne fait que les sourires. Ce dernier phénomène qui mit alors les trois hommes de sa vie dans l'inquiétude.

Mais ils finirent par se dire la même chose que Georges : « ça ne peut être qu'une petite crise de fatigue, cela passera lorsqu'elle se reposera, et qu'elle aura pris une assez bonne connaissance de la situation. Car pour l'instant elle est toute brisée et son âme ne retrouve point l'intelligence pour se réconforter » .

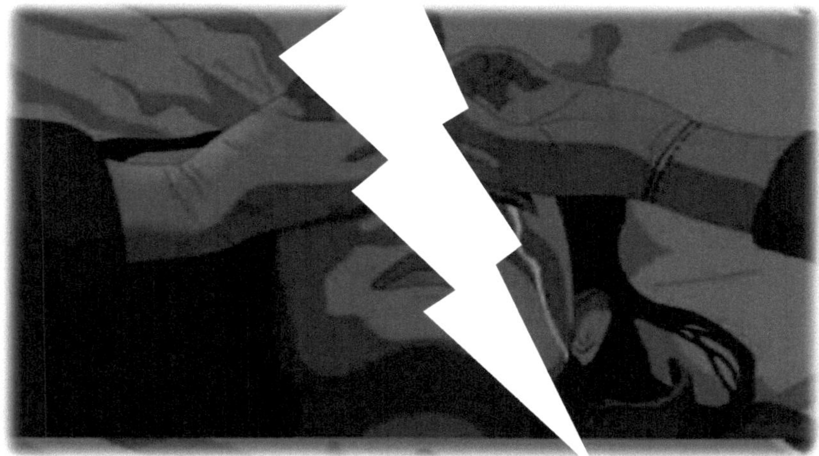

Brisée ? Oui et ceci par soi-même, à cause d'une simple erreur dans l'adolescence. L'erreur paraît simple mais l'on sait bien qu'une erreur ne peut être simple lorsqu'elle n'est pas repérée, analysée, étudiée et supprimée sur le champ.

Mais tout cela, c'est du passé, prions donc pour le présent de Farah qui semble être en jeu.

Georges, Victor et le père de Farah prirent la route avec cette dernière pour l'amener le plus vite chez elle, afin quelle puisse s'y reposer . Pendant que ses pieds touchaient le seuil de la porte elle se mit à appeler son fils qui n'était point de ce monde :

- Moïse !!! Nous sommes rentrés !! Rejoins nous pour le dîner et viens prendre ce que nous t'avions apporter.
  Moïse !! N'entends tu pas que je t'appelle ? Pourquoi ne me réponds tu pas ?

Les trois hommes, après avoir suivi cette scène, restaient là, taciturne, leur visage ne laissant rien exprimer puisqu'ils ne savaient quoi penser. Ils ne la dire rien, à part Victor qui lui adressa ses dernières phrases :

- Mais Farah !? Que t'arrives t'il ? Est tu entrain de perdre la tête ? Tu viens à peine d'enterrer ton seul fils , lequel tu est entrain d'appeler pour te rejoindre.

Après avoir entendu ces paroles, Farah se tourna vers lui et s'éclata d'un rire sanglot. Elle se mit brusquement à courir dans la maison éclatant de rire. Elle y courut jusqu'à retrouver la sortie, les trois hommes ne purent la retenir et l'attraper.

À travers cette scène, on pouvait clairement voir l'âme de Farah se perdre dans les bois de la forêt de l'extravagance. Son âme semblait n'avoir aucune connaissance de ses actes puisqu'elle s'était déjà détachée de son corps.

Et comment s'en serait elle détachée ? De la même manière que tout les âmes se détachent des corps voyons ? Que voudrais je bien vouloir dire par là ?

Farah est morte. La nouvelle semble vous déranger mais vous aviez le droit de tout savoir. Et la façon dont elle morte a pu laisser son mari sombrer dans la folie après elle.

Qu'est devenu Victor ? Vous voulez dire, qu'est ce qu'il est devenu, après avoir vu les os de sa cousine se briser sous une voiture ? Il a voulu se réconforter, de ce fait il s'est référé à l'alcool et autres sortes de drogues et le père de Farah a été obligé de prendre sa retraite.

Ainsi se brisa t'elle, jusqu'à briser sa relation, jusqu'à briser tout lien physique entre elle et sa famille. Jusqu'à briser le lien entre son âme et son âme sœur. Jusqu'à briser son âme lui-même, ce dernier qui affecta son cœur, et son cœur fini par le faire subir à son cerveau puisqu'il ne pouvait porter le fardeau tout seul.

La douleur ayant touché son cerveau, son âme perdit contrôle de son corps, et finit par briser ce dernier. Ce dernier qui est brisé jusqu'à l'os.

Tous ces parcours expliquent la brise de Farah par elle-même.

Brisé par soi-même........... jusqu'à briser son âme, jusqu'à briser ses os...

Ainsi donc, se termine la vie de Farah. Vous donnerai-je la suite de l'histoire ? Je ne sais pas encore. Mais avant tout, je voudrais qu'on discute un peu , sur tout ce qui vient de se passer.

L'histoire est bien triste n'est ce pas ? En effet. On dit souvent que le père châtie l'enfant qu'il aime . Que dois-je vouloir dire par là ? Eh bien je le dis tout simplement pour vous faire comprendre que j'ai expressément fait choix de cette histoire dans le seul but de m'introduire au plus profond de vous, pour pouvoir vous faire comprendre qu'un seul petit choix ou mieux dire, un seul choix qui paraît d'aucune importance dans votre vie, peut changer le cours de cette dernière.

Comme vous l'auriez sûrement pu remarquer, le sujet à caution que je me suis permise de vous présenter à travers les quelques lignes de cette histoire, n'est autre que : « la différence entre l'attirance et le vrai amour » .

C'est cette différence dont Farah n'a pas eu la capacité de faire, elle s'est donc laissée se tromper, en choisissant de faire des sacrifices irrationnels pour un homme qui tout simplement l'attirait et qui était attiré par elle. Ils ne s'aimaient pas.

Vous avez déjà tout appris de l'histoire, parlons maintenant, non des faits, mais des phénomènes qui amènent aux faits :

- Quelle est la différence entre l'attirance et le vrai amour ?

- Comment pouvons nous les différencier ? Quelles sont les caractéristiques présentées par chacun d'eux ?

- Que devons nous faire, si on venait à commettre l'erreur de ne pas les avoir différenciés ?

- Et si l'erreur parvient à nous briser, comment y remédier ?

Voilà les questions que nous devrions nous poser si nous voulions éviter le plus gros drame de notre vie (en parlant d'un drame parallèle à l'histoire).

Nombreux et nombreuses sont ceux et celles qui ont tenté de répondre à ces questions et qui ont d'une manière ou d'une autre , pu faire quelques expériences dans leurs vies qui sont en rapport aux termes en question.

Avant même de vous présenter les idéologies de ces derniers, nous allons répondre ensemble aux questions que nous avons jugé bon de nous poser.

1) **Quelle est la différence entre l'attirance et le vrai amour ?**

Je me suis dite qu'en arrivant à une certaine partie de l'histoire , vous vous êtes poser cette question . D'ailleurs , qui ne se l'aurait pas posé ?

C'est quoi une différence ? Dans le domaine présent, on peut la définir comme étant un objet de comparaison, ou mieux dire de distinction d'une chose par rapport à un autre.
C'est quoi l'attirance ? C'est le charme d'une personne, la permettant ainsi d'attirer des gens. Quand on en vient au phénomène, on peut dire que c'est le fait qu'on soit hypnotisé par le charme physique d'une personne ou d'autres charmes qu'il ait pu posséder.
C'est quoi le vrai amour ? Pourquoi ai-je dit « vrai » amour ? Je l'ai dit parce qu'il en existe bel et bien un faux et ce faux n'est autre que l'attirance.
« Mais il existe bien plusieurs types d'amour ! » : vous dites vous.
En effet, mais celui dont nous sommes entrain de parler est celui

que peut ressentir un homme pour une femme (et vice-versa), pas besoin d'en dire plus puisque vous aviez déjà compris que je parle de l'amour romantique.

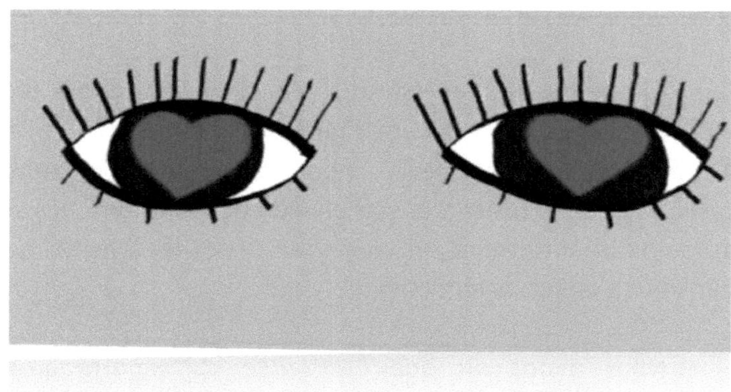

" Quand on est réellement amoureux, on juge que le bien être de la personne qu'on aime est bien plus important que nos propres envies". Cela dit, le vrai amour est un sentiment profond, poussant deux êtres à s'unir, cet union qui serra ensuite basée sur l'intérêt de rechercher le bien être de l'autre. Il existe bien des définitions, lesquels on pourrait accorder à ce petit mot, mais nous comptons en rester là.

Rentrons maintenant dans le vif du sujet qui n'est autre que la différence entre l'attirance et l'amour ;

-L'attirance correspond à un lien physique, l'amour correspond à un lien purement émotionnel. Il y a bien d'autres différences :

- l'attirance est impulsive mais l'amour prend du temps, ce dernier demande beaucoup de patience.

- L'attirance est un état d'esprit qui se concentre sur le corps alors que l'amour est beaucoup plus profond que cela.

- L'attirance est brève et soudaine mais l'amour est lent et stable.

-L'amour s'amplifie avec le temps mais l'attirance s'éteint sur la durée.

-L'amour est tourné vers l'autre mais l'attirance est égoïste.

2) Comment pouvons nous différencier l'amour et l'attirance ? Quels sont les caractéristiques présentés par chacun ?

Dans les lignes qui précèdent, nous avions combiné plusieurs différences que nous pouvons faire entre l'attirance et l'amour. À partir de ces dernières, nous allons vous présenter les caractéristiques présentés par chacun des phénomènes selon le domaine de différence, et ainsi vous aurez les astuces qui vous permettra de les différencier.

a) Nous avons dit que l'attirance correspond à un lien physique mais que l'amour correspond à un lien purement émotionnel. Cela signifie que quand vous êtes attiré par quelqu'un vous verrez que vous aviez une envie irrépressible de faire l'amour avec cette personne, vous serez plus intéressé par le fait d'avoir des relations sexuelles avec cette personne que par celui d'avoir des conversations intimes qui vous permettra de la connaître mieux. Ces derniers comportements sont tout à fait contraire à l'amour, car quand on est amoureux on désire faire l'amour avec la personne mais on désire aussi passer du temps avec cette personne , être à l'écoute de ses besoins et de ses sentiments pour pouvoir se sentir lié (e) avec cette personne. Le plus important, quand on est amoureux (se) , on désire être proche de la personne aimée d'un point de vue émotionnel.

Voyez vous ? En comparant les caractéristiques que nous venons de citer à la relation de Farah et Jacques, on peut rationnellement en déduire que Jacques était tout simplement attiré par Farah tout comme Farah l'était par lui.

b) Nous avons dit que l'attirance est impulsive mais l'amour prend du temps. Cela dit, l'amour se construit sur une gratification à retardement, l'amour demande du temps et de la patience car il équivaut à l'acceptation, on peut ainsi le comparer à un marathon. L'attirance de son côté est comparée à un sprint,parcequ'elle peut être satisfaite par un plaisir immédiat. L'attirance équivaut à un assouvissement.

Ainsi donc, c'est ce désir impulsif qui a poussé Farah à laisser sa virginité à Jacques et à s'enfuir avec ce dernier après que ses parents l'aient ordonné de laisser leur maison.

c) L'attirance est un état d'esprit qui se concentre sur le corps mais l'amour est beaucoup plus profond. Cela dit d'un point de vue émotionnel, l'amour est beaucoup plus risqué, beaucoup plus effrayant que l'attirance. Car cette dernière ne se concentre que sur la séduction, le pouvoir, les fantasmes et l'excitation.
Pourquoi ai-je dit que l'amour est beaucoup plus risqué et effrayant ? Rassurez vous, ce n'est pas pour vous apeurer. Mais c'est pour vous faire comprendre que quand on est amoureux , on se dévoile à l'autre et on partage nos plus profondes intimités. En effet c'est risqué, puisqu'on se dévoile à l'autre dans toute notre vulnérabilité en lui confiant nos espoirs, nos attentes et nos peurs. On partage avec l'autre nos déceptions, notre honte mais aussi ce qui fait notre fierté.
Ainsi dire, quand on est amoureux on baisse inconsciemment notre garde et on laisse l'autre accéder à des parties de nous ou de notre vie, des parties de nous que nous préférons généralement éviter.

Par conclusion, on peut dire finalement dire que l'amour est un sentiment si intense, qu'il nous pousse à nous livrer totalement à l'être aimé, sans pour autant avoir été forcé à le faire. L'attirance est de sa part un sentiment qui nous pousse à réserver nos manières et notre valoir à la personne qu'on prétend aimer .

À ce sujet, on se souvient que Farah ne savait absolument rien de la personne qu'elle prétendait aimer , elle n'avait aucun accès à la vie de Jacques. Et Jacques non plus, il n'a jamais voulu passer du temps avec elle pour la connaître. À ces mots, on ne peut que se demander ce qui a bien pu se passer dans leur tête.

d) L'attirance est brève et soudain mais l'amour est lent et stable.

L'amour est construit sur la durée et la profondeur de l'engagement , contrairement à l'attirance, cette dernière qui débouche souvent sur une histoire de première séance de sexe (comme lorsque Jacques a pris la virginité de Farah).

Quand on est amoureux, on se lance dans une course à fond et notre relation peut durer toute une vie si elle est assez bien entretenue. Mais quand on est attiré (e) et qu'on prétend aimer, Notre désir correspond à une envie primaire et la relation qu'on va entreprendre peut durer littéralement qu'une nuit.

Ainsi donc on peut dire que l'amour est un repère de réconfort lorsqu'il est bien entretenu, bien fondé, bien garni et surtout quand il n'est pas confondu à l'attirance. Ce dernier qui est aussi un repère de réconfort certes, mais un réconfort qui ne peut durer assez longtemps.

e) L'amour s'amplifie avec le temps mais l'attirance s'éteint sur la durée.

Prenons un exemple pour clarifier cela : avez-vous déjà fait l'expérience de vous affamé pendant plusieurs bonnes heures de temps ? Après ces heures affamé (e) ,vous avez une forte sensation de vouloir vous nourrir, et ceci vous voulez vous nourrir grandement, vous avez donc un appétit intense. Ayant cet appétit intense, vous vous apprêtez à vous précipiter sur la nourriture, mais vous n'arriverez pas à tout avaler et ceci , vous ne prendrez même plus le temps de tout finir car votre appétit passera et vous serez ainsi rassasié de peu de nourriture. Je suis sûre que vous avez déjà vécu cette expérience. C'est à cet histoire que ressemble l'attirance, quand vous êtes attiré (e) , votre désir trouve son origine dans un appétit intense de satisfaire votre chair. Étant basée sur cet appétit, votre relation s'évanouira sur la durée.

Mais l'amour trouve son origine dans un lien d'attachement, il se base sur cette dernière et s'y fonde. Vous savez bien que l'être humain n'est pas statistique mais dynamique, n'est ce pas ? Cela signifie que l'on évolue à chaque moment de notre vie. Ainsi donc, à chaque fois que l'être aimé évolue, nous nous attacherons de plus en plus à ce dernier par le fait que nous allons toujours avoir envie de le connaître dans toute son intégralité. Que dois-je vouloir dire par là ? Ce que je veux dire c'est que puisque ces phénomènes suivront, notre attachement suivra aussi ainsi, et puisque notre attachement se poursuivra et que notre amour est basé delà, notre amour pourra non seulement se construire mais aussi être indestructible. Cela dit, ce dernier pourra ainsi servir à prolonger la durée d'une relation.

Pour conclure on peut dire que, L'amour se construit sur un attachement et un lien qui se renforcent avec le temps. L'attirance trouve son origine dans un appétit intense et s'évanouit sur la durée. Il nous entraîne dans des montagnes russes émotionnelles déclenchées par des forces biologiques et activées par notre système de récompenses, lui-même alimenté par le désir de plaire et de nouer des liens. L'amour s'apparente au désir et au besoin d'attachement, mais il est modifié par des facteurs biologiques, socioculturels et psychologiques qui déterminent son développement.

f) L'amour est tourné vers l'autre mais l'attirance est égoïste. Par explication, quand on est attiré (e) par quelqu'un on désire absolument satisfaire notre désir. Ce désir nous porte à avoir constamment besoin de son corps ou de sa présence, cela ne signifie pas que nous ne devrions pas en avoir besoin mais pas constamment et pas comme si notre vie en dépendait non plus. Lorsqu'on est attiré(e) par quelqu'un on devient possessif (ve) et cela nous rend égoïste. Il y a un fait qui se produit assez souvent quand on est attiré (e) : on désire absolument partager notre vie avec l'être aimé mais lorsqu'on remarque que ce dernier se porte bien sans nous, on n'hésite pas à renoncer à cette vie commune.
   À l'inverse, l'amour n'est pas égoïste et il n'est pas possessif.
   De ce fait, nous en concluons que quand on est amoureux (se) le bien être de l'être aimé compte beaucoup plus pour nous que nos propres envies et quand on est attiré (e) seul le fait de satisfaire nos désirs nous intéresse .

3) Que devons nous faire, si on venait à commettre l'erreur de ne pas les avoir différenciés ?

Vous vous souvenez que Farah avait commis cet erreur ? Mais elle n'en était pas consciente , ou mieux dire elle ne voulait pas en être consciente. De ce fait elle s'est laissée emporter par cette assurance qu'elle avait d'aimer Jacques, cela lui a poussée à faire des sacrifices pour ce dernier tout en étant dans une parfaite ignorance, elle s'en est allée dedans jusqu'à sacrifier son propre bonheur.

C'est cet erreur que Farah à commise, mais puisque Jacques ne l'aimait pas d'un vrai amour , il a fini par l'abandonner. En cela, on peut dire que ça n'était pas en grande partie de sa faute, mais qu'elle aurait quand même pu y trouver une solution, cette dernière qui l'aurait épargné de la mort de son fils à laquelle elle ne s' attendait pas.

Qu'avait elle à faire exactement ? Quand on est attiré (e) par quelqu'un, ça peut arriver qu'on passe toute une journée à penser à ce dernier. Ça peut arriver que l'on y passe aussi nos nuits, qu'on arrive pas à dormir en pensant à lui (elle). Quand on l'aperçoit , notre cœur peut se mettre à battre la chamelle, et nos genoux peuvent se mettre à trembler, on peut aussi se mettre à rougir, mais ça ne veut pas dire que l'on est amoureux (se) . Farah ressentait tout cela, c'est ce qui l'a fait croire qu'elle était amoureuse, c'est ce qui a fait croire à Jacques qu'il était amoureux aussi. Répondons maintenant à la dernière question qu'on s'est posé : ces comportements forment le point commun qui existe entre l'amour et l'attirance, et ils nous permettent de passer de l'un de ces phénomènes à l'autre. Cela signifie que, quand on est attiré (e) et qu'on présente les comportements présentés on peut facilement et avec le temps passer de l'attirance à l'amour. Et quand on est amoureux (se) et que l'on présente ces comportements on peut facilement passer sans beaucoup de temps de l'amour à l'attirance, mais cette dernière peut se faire si et seulement si on accorde plus d'importance et d'attention à nos désirs sexuels qu'à notre désir de vouloir nous attacher à l'être aimé, de le (la) connaître dans toutes ses facettes, et de vouloir son bien être.

En ceci, en arrivant chez son cousin, ce que Farah avait à faire, était de chercher Jacques afin qu'ils puissent continuer ce qu'ils avaient commencé (leur relation) et avec beaucoup de chance ils auraient pu finir par s'aimer, et Farah ne se serait pas brisée par la mort de son fils.

Je présume que vous n'êtes pas dans la même situation que Farah. Admettons que vous ayez commis l'erreur de ne pas avoir pu faire la différence entre l'attirance et l'amour, vous vous retrouvez maintenant dans une relation sans aucune chance de survie, ou du moins votre relation risque d'être détruite.

Vous souvenez vous qu'il existe malgré les différences , beaucoup de rapports entre l'attirance et l'amour ? servez vous en selon la situation dans laquelle vous vous trouvez. Si vous êtes toujours en relation avec l'être aimé, rassurez vous de passer de l'attirance à l'amour par les chemins que je vous ai présenté dans les lignes précédentes. Et si votre relation s'est détruite, rassurez vous de prendre une décision qui pourra vous empêcher d'être brisé (e) dans le future. Vous pouvez :

- Soit choisir de reconquérir votre ex si la situation dans laquelle vous êtes semble pouvoir vous poursuivre jusqu'à votre destin et vous briser.
- Soit vous séparer totalement de l'être aimé si la situation dans laquelle vous êtes semble ne pas être assez perturbant pour vous poursuivre jusqu'à votre destin. Mais vous pouvez faire ce choix si et seulement si l'être aimé consent à vous perdre , sinon il vous poursuivra jusqu'à vous briser d'une quelconque manière.
- Vous pouvez aussi choisir de continuer avec l'être aimé, si la situation dans laquelle vous êtes est favorable, et que vous trouviez que vous pourriez facilement passer avec le temps de l'attirance à l'amour.

Mais, avant de vouloir vous décider , rassurez vous d'avoir assez bien connaissance de la situation dans laquelle vous êtes, et d'analyser les décisions que vous allez prendre, afin que ces dernières ne vous brisent.

J'espère vous avoir assez éclairé au sujet de ce que vous deviez faire si vous parvenez à commettre l'erreur de ne pas avoir pu faire la différence entre l'attirance et l'amour.

4) Et si l'erreur parvient à nous briser, comment y remédier ?

Dans le cas de Farah, elle a été plusieurs fois briser , c'est pour cela qu'elle est coupable de sa propre mort. Sa première brise fut le fait que Jacques l'eût abandonné. Les brises qui ont suivi sont en rapport au fait qu'elle n'eut point chercher un moyen d'y remédier, et ce moyen serait de prendre une décision pour que l'erreur ne l'eut poursuivit jusqu'à son destin.

Admettons que vous arriviez à la première brise (en parlant d'une situation parallèle à celle de Farah) , et que votre relation est maintenant détruite et que cela vous ait brisé jusqu'au plus profond de vous.

Disons en un mot que vous vous retrouviez célibataire. Comment surmonter cela ? Comment arriver à accepter notre situation pour que cette dernière ne soit un obstacle à notre bonheur ? Comment regagner notre bonheur si cette expérience ait pu finir par nous biser ? Comment survivre à cette situation et s'y habituer ? Et le plus important, comment tout recommencer après s'être guéri de cette brise ?

Pour répondre à ces questions, et remédier à la brise jusqu'à l'âme que cet erreur nous ai fait , ils nous faut suivre 6 (six) étapes, lesquelles j'ai jugé être de bons atouts , et qui pourront certainement nous aider à nous en sortir.

<u>Étape 1</u> : L'abréaction.

Dans le domaine de la psychologie, L'abréaction est un moyen utilisé pour nous aider à réduire les effets d'un choc émotionnel, si les conséquences psychophysiques qui doivent y suivre n'ont pas été libérés par une décharge émotionnelle.

Si cette décharge n'est pas libérée, ça peut avoir des conséquences fatales sur l'être en question (comme dans le cas de Farah qui a fini par sombrer dans la folie).

Comment vous y prendre ? Je suis sûre que vous aviez des êtres proches, auxquels vous pouvez tout raconter. Alors servez vous en, car en racontant ce que vous avez vécu, vous en serez doublement libéré (e). Si vous n'aviez pas de proche auquel vous pouvez vous confier, et que vous vous trouvez seul (e), la seule option qu'il vous reste est de pleurer. Ne vous y opposez pas, bien au contraire, prenez tout le temps qu'il faudra pour pleurer votre situation, versez y toutes les larmes qu'elle semble vous obliger à verser. Ne vous y retenez pas, car cela fait parti de L'abréaction et vous aidera ainsi à vous débarrasser des effets de votre choc émotionnel au moyen de ce décharge.

Peut être que vous n'êtes pas du genre à vous fier aux gens et encore moins à pleurer. Alors faites une chose que vous aviez l'habitude de faire quand vous êtes triste et qui vous a toujours réconforter. Mettez y votre entière volonté, car sans L'abréaction , non seulement vous serez brisé, mais cette brise vous causera des effets bien plus effrayants.

Étape 2 : La solitude.

La majeure partie des gens pensent que la solitude n'est que le fait qu'une personne puisse être abandonnée et séparée du monde. En effet c'est l'une des définitions que l'on y accorde, mais malgré cette façon de concevoir le phénomène , nous pouvons arriver à nous en servir et ceci à notre bienheureux avantage.

Pour cela il vous faudra l'y accorder une autre définition, mais qui serra en rapport avec les autres définitions que vous en aviez eu auparavant.

Cela nous permettra d'avoir une autre perception du phénomène, sans quoi nous ne pourrions l'utiliser à notre avantage.

La solitude est l'état d'une personne qui est seule et qui est retranchée du monde, c'est aussi le sentiment d'être seul (e) et abandonné (e). Mais nous n'allons pas nous baser sur ces conceptions. De ce fait nous allons nous servir du mot , dans le but de se mettre à part du monde, car après L'abréaction nous aurons besoin d'être confronté à nous même.

Nous avons besoin de nous retrancher du monde, afin d'admettre notre situation et de nous y habituer jusqu'à ce que ça soit rebutante, ainsi nous pourrions nous en écarter. Certains pensent que la solitude est une mauvaise chose, car ils ont peur d'être confronté à eux même. Mais dans certaines situations nous en avons besoin, sinon Descartes n'aurait Pas dit « si je pense je suis, si je suis-je pense » donc il est parce qu'il pense et il pense parce qu'il est seul. Cela dit, durant un certain moment dans la vie, on a besoin d'être seul (e) pour être conscient (e) de notre existence et en tirer ainsi l'avantage.

Étant seul (e), vous aurez le temps de penser, d'analyser votre brise, ainsi vous pourriez en recoller les morceaux. La dernière phase de votre solitude vous conduira dans une pleine connaissance de vous-même, car vous vous reconstruirez vous-même, vous apprendrez ainsi à vous aimer vous-même, à vous combler vous-même et à apprendre beaucoup plus de vous-même. En cela , faites attention à ne pas devenir égoïste, car vous pourriez le regretter. Après cela, vous pourriez reprendre votre vie, et vous relancer après cette dernière. Prenez le temps de faire face à la solitude avant de vouloir vous en sortir, cet étape vous sera d'une grande utilité. Prenez le temps de tout consommer.

Étape 3 : se reconstruire.

Après avoir consommé votre solitude, vous allez maintenant faire face à votre vie, une vie sans l'être aimé. Vous vous dites que vous n'y êtes pas du tout habitué (e) ,ou mieux dire vous vous y étiez déshabitué (e).

Nous savons bien qu'après une brise, nous pouvons ressentir une forte envie de vouloir être réconforter, de vouloir reconstituer les parties de notre cœur qui ont été touchées par cette brise. Ne cherchez pas à trouver un réconfort dans une personne, sinon vous en soufrerez d'une quelconque manière, mais cherchez ce réconfort en vous, car c'est là qu'il s'y trouve.

Pour y arriver, il vous faudra vous rebâtir, vous recomposer, vous reconstituer, vous relever, vous remonter, vous réparer, et après quoi vous vous restaurerez.

Se rebâtir comment ? Se bâtir de nouveau , en réparant la partie que vous trouverez la plus importante qui ait été détruite en vous, en vous façonnant de nouveau, en développant la corpulence de votre âme , en formant votre caractère, en disposant toutes les pièces dont vous aurez besoin, et en les établissant.

Après cela, vous prendrez le soin de tout recomposer en vous. Comment vous y prendre ? Pour cela, vous aurez besoin de réunir les parties qui ont été séparées par la brise. Pour être plus précise, vous aurez à former un parfait assemblage des différentes parties que vous aviez recomposé. Assemblez vos caractères pour en faire votre force et pour en faire un ouvrage d'esprit. Arrangez, préparez, et disposez vos qualités et défauts, faites en un tableau, ce dernier sera votre fierté circonstancielle.

Après cela vous aurez à vous reconstituer. Cela signifie que vous aurez à reprendre votre forme originelle, pas d'une manière physique puisque vous n'avez pas été brisé physiquement. Mais vous devez vous rétablir dans votre forme première. La forme que vous aviez lorsque vous n'étiez pas encore brisé (e) , et que vous n'étiez pas bouleversé au point de ne plus savoir qui vous êtes et ce que voulez faire de votre vie. Ainsi donc, vous aurez à redonner à votre cœur son aspect première.

Après cela, vous aurez à vous relever. Cela signifie que vous deviez vous remettre debout, Vous reprendre, rétablir ce qui était à l'abandon en vous ou mieux dire ce qui était tombé lors de votre brise. Vous deviez vous entretenir à sortir moralement de votre état de ruine , Vous relever la tête afin d'augmenter le niveau.

Ensuite vous aurez à vous remonter. Et comment faire ? Pour y arriver vous deviez retourner vers le point où vous étiez avant même d'être descendu (e) dans l'état de brise. Retournez donc vers ce point en prenant le soin de tout analyser.

Après cela, vous pourrez vous évertuer à vous réparer. Réparer une chose est le fait de remettre cette chose en bon état après qu'elle ait été endommagée. Dans votre cas, ce sera le fait de vous remettre en bon état puisque vous avez été brisé. Vous devez ôter de vous les défauts d'aspects. Prenez le soin de vous donner des satisfactions proportionnées, dédommagez vous vous-même, puisque vous avez été d'une façon ou d'une autre responsable de votre brise . En un mot vous devez vous remettre en bon état parce que vous aviez été endommagé.

Ayant suivi tous ces étapes, vous pouviez maintenant vous restaurer. Ainsi dire, celui-ci est le plus important, car vous allez vous remettre en question, vous allez reprendre votre force morale, vous allez vous rétablir, vous remettre en vigueur et ainsi redonner à votre âme l'honneur qu'il avait lorsqu'il n'était pas encore endommagé. Puisque vous avez suivi à la lettre les étapes précédentes, cet étape vous sera d'une grande facilité. Ainsi donc, vous deviez vous redonner vos forces et ceci en mieux qu'avant, ainsi vous vous rétablirez et vous serez restauré.

Étape 4 : apprendre à s'aimer et à se combler soi-même.

Après s'être reconstruit (e), et s'être fait (e) son tableau de soi-même, apprenez maintenant à apprécier chacun des caractéristiques retrouver dans votre tableau, car si vous ne le faites pas vous irez vous appuyez sur quelqu'un qui paraîtra le faire mais qui ne voudra que profiter de vous.

Apprenez à vous aimer vous-même, à aimer vos qualités et vos défauts simultanément, car sans eux vous ne serez pas vous-même. En traversant ces étapes, n'ayez aucune attente de personne pour ne pas finir par vous attacher à ce dernier. Ce n'est pas d'un attachement dont vous avez besoin, mais c'est d'une guérison et cette guérison viendra de vous-même car vous en êtes capable. Apprenez par cela à vous combler vous-même, en prenant soin de vous tant sur le plan physique que sur le plan émotionnel.

Plaisez vous vous-même, si vous ne le pouvez pas, efforcez vous à trouver du plaisir en vous, pour ne pas retomber dans le piège de l'attirance avec quelqu'un qui trouve aussi du plaisir en vous. Appréciez chacune de vos petites manières, ça vous aidera à reprendre confiance en vous et à prendre conscience que vous êtes mieux seul (e).

En conclusion, faîtes vous plaisir, prenez largement soin de vous et aimez vous de tout votre cœur.

Étape 5 : reprendre sa vie.

Ayant suivi les étapes précédents, vous remarquerez que vous n'aviez plus le présentement d'être brisé (e) ,vous pourrez sentir la légèreté de votre âme, et vous aurez une pleine confiance en vous. Maintenant vous êtes assez expérimenté (e) pour ne pas retomber dans le même piège, vous avez maintenant beaucoup de patience et vous n'êtes pas pressé (e) d'entretenir une relation amoureuse. Si vous n'aviez pas ces pressentiments, sachez que vous n'aviez pas été guéri (e) de votre brise.

Mais si vous ressentiez ces pressentiments, sachez que vous aviez été d'une bravoure époustouflante, car vous vous êtes guéri (e), vous avez pu percer cette guérison qui était en vous.

Maintenant que vous êtes assez expérimenté (e) et que vous aviez assez confiance en vous, vous pouvez sortir de votre solitude et reprendre votre vie. Le bonheur vous est très accessible maintenant, et votre cœur semble être plus lumineux qu'avant. Quand est il de votre âme ? Elle est mature, et est devenue beaucoup plus belle qu'avant.

Vous pouvez donc reprendre votre vie d'avant, sans aucune crainte, rassurez vous en, puisque vous aviez réussi les étapes à suivre.

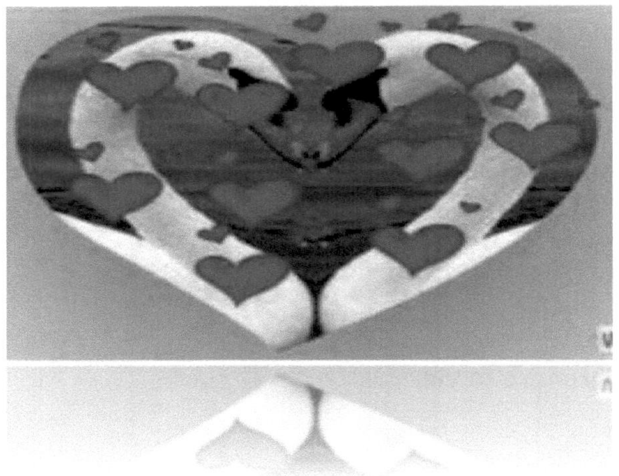

<u>Étape 6 :</u> se relancer.

Vous aviez pris le temps qu'il faut n'est ce pas ? Votre conscience semble ne plus être inquiète ? Si vos réponses à ces deux questions sont Oui, alors vous pouvez vous relancer dans la vie amoureuse.

Mais faites bien attention de toujours analysé votre situation et de savoir si ce n'est pas parce que vous êtes triste que vous vous lanciez dans cette relation.

N'entrez pas en relation en étant triste, ou en étant pressé de vous fuir de votre vie de célibataire. Mais faites le lorsque vous serez sûr (e) de ressentir le vrai amour pour la personne en question, et aussi lorsque vous vous sentirez doublement prêt (e).

Ainsi vous pouvez donc vous relancer, sans crainte et sans frayeur.

Ayant connaissance de tout cela et de la situation de Farah, nous pouvons maintenant poser la différence entre les deux. Après avoir été abandonnée par Jacques Farah n'a pas songé à prendre du temps pour soi. Elle n'a pas pu songer à se reconstruire puisqu'elle a eu d'autres chocs émotionnels, et ces derniers se suivirent jusqu'à ce qu'elle arrive à son mariage.

Ainsi donc, la différence se voit clairement, et ça nous éclaire sur le fait qu'elle eut sombré dans la folie. Elle n'a pas su remédier ses brises, et après la mort de son fils elle n'a pas assez déchargé ses émotions suite à l'acte.

En revenant beaucoup plus en arrière, on peut voir que Farah n'a pas eu le temps de profiter de sa solitude suite à l'abandon de Jacques. Cela nous montre tous les erreurs de Farah et nous pousse de plus en plus à admettre qu'elle s'est laissée briser par elle-même.

Mais quand à vous qui lisiez ces lignes, vous êtes maintenant conscient (e), des choses qui peuvent arriver si vous ne faites pas attention à ces phénomènes, si vous n'y remédiez pas après avoir commis l'erreur ou si vous ne vous guérissez après avoir subi la brise causée par cet erreur, je parle bien de l'erreur de ne pas faire la différence entre l'attirance et le vrai amour.

Ainsi donc, ce fut grandement un plaisir pour moi , d'avoir pu partager ces choses avec vous. Sachez en tout cela que je l'ai fait dans le but de vous épargner des brises que vous pourriez subir si vous n'arrivez pas à faire cette différence, je l'ai fait aussi dans le but de vous aider à pouvoir différencier ces deux phénomènes, à les connaître de la plus importante des façons, pour ne pas commettre certaines erreurs.

Mais en tout cela, je me suis rendu compte que mes idées seules ne pouvaient pas être assez pour arriver au but visé. Sur ceux, je me suis donc permise de recueillir d'autres idées et témoignages auprès de plusieurs personnes dans différents domaines de la vie réelle, ces idées sauront sûrement vous être utiles, et ces témoignages pourront certainement vous ranimer si vous êtes dans une situation de brise.

Je me suis aussi permise de recueillir auprès d'eux quelques conseils lesquels j'ai pensé pouvoir être d'une grande utilité pour arriver à notre but final qui n'est autre que de vous mettre en garde des dangers que nous pouvions rencontrer quand on ne prête pas attention aux phénomènes en question.

De ce fait j'ai posé à ces gens les questions suivantes :

1) **Pouvez-vous faire la différence entre l'attirance et le vrai amour ? Si vous le pouviez, quelle serait la différence que vous en ferriez ?**
2) **Croyez vous qu'un choix fait dans l'adolescence puisse avoir ses conséquences à l'avenir ?**
3) **Avez-vous déjà commis l'erreur de ne pas avoir pu faire la différence entre l'attirance et le vrai amour ?**

4) **Selon vous, quels genres de conséquences cet erreur peut il avoir ?**
5) **Quels conseils pouvez vous apporter à un adolescent ou une adolescente qui ayant commis l'erreur en question, consent à y remédier ?**

Ce sont là les questions que je me suis permise de leurs poser . Ainsi fait, je remercie chacun et chacune d'entre eux qui m'ont accordé leurs réponses.

Ces dernières sont présentés dans les pages qui suivent.

J'offre donc un ciel d'amour à chacun de vous qui ayant reçu mes questions, consentit à les répondre.

Romélus Clarel (étudiant et informaticien)

Réponse 1 : l'attirance est un désir, quand vous êtes attiré (e) par quelqu'un vous le désirez, tandis que le vrai amour est un sentiment pur, c'est le fait d'aimer comme Jésus. Par exemple : je suis attiré par les cheveux de Mirlene donc je la désire. Exemple 2 : j'aime Mirlene de tout mon cœur, donc c'est le vrai amour.

Réponse 2 : Ouais, bien sûr parce que tous (tes) les adolescents (tes) souffrent de la nervosité. Ils (elles) font N'importe quoi sous l'emprise de la folie de l'adolescence . Ils (elles) ne prennent pas le temps de réfléchir parce qu'ils (elles) agissent selon leurs instincts. « Avant de faire un choix il faut réfléchir d'abord, il faut analyser les avantages et les inconvénients de notre choix, dans le cas contraire ça risque de gâcher notre avenir ».

Réponse 3 : Oui, je me suis trompé plusieurs fois. Une fille était attiré par moi alors que moi je l'aimais de tout mon cœur alors elle a eu ce qu'elle voulait , puis elle s'est tirée sans laisser de trace...... cela m'a brisé.

Réponse 4 : Selon moi, ce genre d'erreur peut apporter un problème d'homosexualité, un problème de cruauté mais aussi de nervosité.

Réponse 5 : Je les conseils de bien analyser les risques et de surmonter la nervosité qui s'incarne dans leur pensée.

Pascal Aliya (écolière et artisane)

Réponse 1 : _l'attirance c'est quand on a une beauté exceptionnelle ,une forme attirante (plastique) normale ,des qualités ,des conceptions qui attirent des personnes mais c'est pas l'amour .L'amour c'est la vie, c'est avoir des sentiments pour quelqu'un c'est dégager des sensations pour une personne l'amour c'est pas juger une personne sous prétexte qu'elle a de la crasse ,l'amour peut faire une femme ,un homme ce n'est pas condamner mais c'est aimer une personne, le plus grand amour c'est celui de Jésus.

Réponse 2 :oui je pense qu'un choix fait durant l'adolescence puisse avoir des conséquences sur l'avenir parce que l'adolescence c'est un étape de la vie humaine ,étape de folie et de rêve on pense que la nature raconte seulement des histoires on pense toujours , on rêve toujours de vivre dans des pays lointains ,étrangers etc...C'est la même chose pour faire un choix durant l'adolescence on ne connaît pas vraiment les partitions de la vie, on entend seulement les chansons de la vie .

Réponse 3 :c'est difficile de déterminer l'attirance et l'amour on ne connaît pas vraiment l'intention de l'être humain il faut avoir une grande capacité pour découvrir et pour faire la différence entre les deux.

Réponse 4 : les conséquences qu'on peut avoir pendant l'adolescence : on peut avoir un enfant. on peut avoir une vie de misère une vie compliquée parce qu'on avait fait des mauvais choix .

Réponse 5 :les conseils que je peux apporter sont : d'éviter les imaginations banales durant l'adolescence parce qu'on pense qu'on est grand, qu'on est autonome ,qu' on est libre de nos choix c'est là qu'on peut tomber dans des erreurs fatales qui peut avoir des conséquences psychologiques et physiques durant l'adolescence et pourquoi pas à l'avenir même.

Jeudy saint-clair (étudiant et prédicateur)

Réponse 1 : La différence entre le vrai amour et l'attirance C'est que le vrai amour c'est quelque chose qui se construit avec le temps . Il grandit au fur et à mesure que l'on apprend à se connaître et que l'on partage des bons et des mauvais moments ensembles . Il faut du temps pour se sentir prêt pour l'amour , car l'amour est un sentiment plus fort et plus stable. Il ne se limite pas aux plaisirs physiques car Il y existe une connexion émotionnelle et intellectuelle. Ensemble on pense à l'avenir :on imagine notre future ensemble. On arrive facilement à se protéger dans le futur ensemble , quand on est amoureux (se) on partage plus facilement le monde intérieur mais aussi ses émotions ,ses besoins et ses peurs . On laisse l'autre entrer dans son intimité et on parle ouvertement. On a beaucoup plus de facilité à dire « Je t'aime » parce qu'on se sent en confiance. Malgré les grosses épreuves , on s'adapte pour rester ensemble ! Tandis que l'attirance basé sur ce que vous pouvez voir, peut être instantanée , naître d'un seul regard, de quelques échanges de conversation. Elle pousse à ressentir le désir de vouloir être ensemble, l'envie de se parler, de se toucher . L'attirance est quelque chose qui a tendance à ne pas durer . Lorsqu'on est attiré (e) les raisons de notre intérêt sont souvent superficielles. On peut être attiré (e) par quelqu'un à cause de son apparence, sa popularité, son succès, sa beauté. C'est un sentiment instable . L'attirance est un sentiment basé sur quelque chose de plus charnel . L'attirance est égoïste et éphémère . Donc voilà la différence qui existe entre le vrai amour et l'attirance.

Réponse 2 : Oui bien sûr. Je pense qu'un choix fait durant l'adolescence puisse avoir bien des conséquences sur l'avenir.

Réponse 3 : Non, cela ne m'arrive jamais de ne pas pouvoir faire la différence entre ces deux phénomènes.

Réponse 4 : Les conséquences de vos actes lorsque maintenant vous avez la capacité de distinguer le vrai amour et l'attirance :

1°) vous aurez un profond regret de votre passé, dans lequel vous avez fait cet erreur : - Regret de vous avoir livré vous-même à quelqu'un qui ne vous aimait pas.

- Regret d'avoir fait des choses souillant votre corps et votre esprit.

2°) vous aurez toujours des doutes sur le passé .

3°) Vous regretterez votre vie privée.

Réponse 5 : Les conseils que je peux apporter aux jeunes adolescents (tes) sont : avant d'être tromper par l'attirance il faut vous débattre pour avoir la capacité de faire la différence entre le vrai amour et l'attirance n'oubliez pas que lorsqu'on est adolescent (te) on est à l'âge de la folie. Ça veut dire que tout ce qu'on fait c'est avec la folie et Sans réfléchir . Il faut avoir d'abord la capacité de distinguer le vrai amour par rapport à l'attirance qui n'est qu'un simple sentiment . Si vous aviez déjà fait cet erreur , vous devriez savoir que l'amour est basé sur la connaissance de la personne que vous pouvez choisir en tant que partenaire. l'attirance est basée sur ce qu'on peut voir Afin que cela puisse nous attirer. Il faut éviter d'être séduit (e) par l'attirance qui n'est qu'un simple sentiment . Méfiez vous !!

Bastien Jean Ritchy (ingénieur en informatique)

Réponse 1 : Dans le mot attirance on trouve attiré (être attiré) . Ceci dit, l'attirance est tout simplement de la convoitise. Il se peut qu'on se mette avec la personne qui nous attire pendant une courte période mais ça ne durera pas car il faut avant tout que tout se base sur l'amour , ce dernier n'est pas une simple convoitise. Selon moi, la meilleure façon qu'on peut dire qu'on aime réellement quelqu'un c'est par le fait qu'on aime cette personne au point de vouloir rester auprès de cette personne. Quand on est auprès d'elle on se sent en sécurité, on peut tout lui dire . On peut dire que l'attirance fait aussi partie de l'amour mais dans une relation, s'il y a tout simplement de l'attirance ça ne pourra pas fonctionner, parce qu'une relation doit être fondée sur l'amour, même si l'amour n'est pas la seule chose qu'il faut pour que ça marche, mais il faut dire qu'il faut aussi y avoir de l'attirance. Par exemple, si on est ensemble, il faut que je t'attire et que tu m'attires au point de faire vibrer mon cœur et certaines parties de mon corps. En gros c'est ça, dans une relation amoureuse, il doit avoir de l'attirance mais il faut que quand on est auprès de l'être aimé on puisse se sentir en sécurité. On peut dire qu'une relation d'une nuit peut être fondé sur l'attirance, une relation non durable peut être fondé sur l'attirance. Si on a été tout simplement attiré par quelqu'un, une fois avoir été au courant de ses défauts, on ne pourra pas vivre avec. Mais si on l'aime et qu'il nous aime , cette personne va peut être décider de changer afin de ne pas nous perdre. Si par exemple quelqu'un m'aime il va changer pour moi. S'il y a quelque chose qui me dérange chez lui (elle) , il (elle) ferra en sorte d'arranger cela. Mais je vous garantis que si cette personne ne m'aime pas et qu'elle est tout simplement attirée par moi , ça ne pourra pas fonctionner, parce qu'il y a un tas de sacrifices qu'elle ne consentira pas à faire. Si je l'aime, je pourrai faire tout ce qui est nécessaire pour qu'on reste ensemble mais si c'est tout simplement de l'attirance ça partira en vrac , en une fraction de seconde.

Réponse 2 : oui je pense qu'un choix fait durant l'adolescence puisse avoir des conséquences à l'avenir et je vais me justifier. C'est pour cela que l'on dit que dans la vie la période la plus difficile, la période qui a le plus de turpitudes est celle de l'adolescence. Parce que c'est dans cette période que notre corps commence à avoir des changements, à nous faire des exigences, notre corps commence à avoir des changements et c'est pendant cette période qu'on remarque des choses nouvelles. En un mot l'adolescent (e) devient pubère. Pendant cette période la fille ou le garçon ne peut pas se maîtriser, ça peut arriver qu'il (elle) aille dans des relations sexuelles sans porter de préservatif et ça risque de le (la) suivre durant toute sa vie. Les parents ont tendances à devenir beaucoup plus barbares durant cette période, l'adolescent (e) peut alors décider de quitter sa maison pour aller vivre ailleurs, cette décision peut le (la) suivre toute sa vie. Je ne sais pas exactement dans quel cadre que vous auriez pris votre décision mais la plupart des décisions prises dans l'adolescence aura toujours des impacts, soit positifs ou négatifs sur notre vie d'adulte. Du côté positif, si par exemple on a pris la décision de porter des préservatifs lors de nos relations sexuelles, d'opter pour l'abstinence, de se concentrer sur ses études, de suivre les normes prescrites par la société, de nous socialiser, etc... , je crois que ça ne nous rapportera pas des mauvaises récompenses à l'avenir. Ainsi donc, tout ce qu'on fait dans la vie, soit durant l'adolescence ou durant l'enfance, on finira un jour ou l'autre par le récolter.

Réponse 3 : Oui, ça m'était déjà arrivé, ça arrive à beaucoup de gens même. La seule chose qui va nous permettre de savoir s'il s'agit de l'attirance ou du vrai amour, c'est le temps. Il faut donner du temps au temps pour que le temps puisse nous révéler si la personne aime tant nous aime bien autant, ou si la personne qu'on croit aimé on l'aime réellement . Tout simplement, c'est le temps qui va s'assurer de tout cela. Par exemple, on peut avoir des sentiments pour quelqu'un qu'on vient à peine de rencontrer, c'est de l'attirance, ce sont les hormones qui font leur travail. On peut facilement confondre ces deux phénomènes. Le vrai amour, c'est quand on aime quelqu'un, on le comprend, on est prêt (e) à faire des sacrifices pour lui (elle) , on est prêt (e) à faire des sacrifices pour l'aider à concrétiser ses rêves, à faire tout pour s'assurer que cette personne soit heureux. Lorsqu'on est avec cette personne , on se sent comblé (e). Le vrai amour nait et se développe avec le temps, on ne peut pas prétendre aimer quelqu'un qu'on ne connait pas, c'est-à-dire que le vrai amour n'est pas une chose qui prend naissance en un claquement de doigts, ça se construit. J'ai déjà confondu le vrai amour de l'attirance et la seule chose qui m'a toujours permis de les différencier c'est le temps. On peut penser aimer quelqu'un mais une fois qu'on est saturé (e) de cette personne on ne verra qu'une seule option, celle d'abandonner cette personne. Ainsi donc, le temps s'assurera de nous faire savoir qui on aime vraiment et qui nous aime aussi.

Réponse 4 : Rationnellement parlant, pour savoir les conséquences exactes que ce genre d'erreur peut apporter, il nous faut d'abord analyser de près l'erreur, ainsi donc ,nous pourrions en déduire les conséquences.

Réponse 5 : à mon avis, après avoir commis une erreur, on ne peut effacer cette dernier, ni la remédier. La seule chose que nous devrions avoir en tête c'est qu'après avoir commis une erreur votre vie (amoureuse) ne prendra pas fin dessus. Il faut continuer et reprendre notre vie d'avant. Il ne faut pas dire : j'ai commis telle erreur, la société me voit de telle ou telle manière, on voit maintenant que je suis telle ou telle personne, mais il faut vous contenter de vous voir d'une façon contraire à celle de la société. Prenons l'exemple d'une fille qui soit tombée enceinte durant l'adolescence, croyez-vous qu'elle va rester la même personne ? Non, elle sera dévastée, on peut s'assurer qu'elle sera désintéressée par les hommes qu'elle croisera, puis son corps va subir bien des changements. En toutes ces choses, il vous faudra un mental de résistant (e) pour aller de l'avant malgré tout. Il faudra être courageux (se) . Selon moi, l'erreur n'est pas d'avoir commis une erreur mais l'erreur, c'est de rester sans rien faire après avoir commis l'erreur. En effet vous aviez commis une erreur, mais il vous faut savoir que d'autres gens en ont commis bien des pires . Si vous aviez commis une erreur, il n'y pas de point de retour, il vous faut continuer à prendre soin de vous et ne plus refaire la même erreur.

Marc Anthony Bernardin (étudiant en droit et chanteur)

Réponse 1 : En effet, pour moi, la différence entre l'attirance et le vrai amour c'est que : l'attirance c'est quelque chose qui vous attire chez une personne c'est une sorte de curiosité ,tandis que le vrai amour ça se construit pas du jour au lendemain. ça peut aussi commencer par l'attirance mais ça prendra quand même assez de temps pour grandir afin de s'aboutir au vrai Amour qui est un package.

Réponse 2 : oui, je crois qu'un choix fait durant l'adolescence puisse avoir des conséquences sur l'avenir. Prenons l'exemple d'un enfant ayant enfanté a bas âge, ça fera répercussion sur ses études et l'avenir de cet enfant ne sera pas prometteuse sans le support de ses parents pour l'aider , là maintenant il n'y a vraiment pas d'avenir car c'est là que les conséquences feront leur apparition.

Réponse 3 : Ben! Non, j'ai pas commis l'erreur de ne pas pouvoir faire la différence entre l'attirance et le vrai amour parce qu'il y a une grande nuance entre eux, mais pour autant, beaucoup de gens n'ont pas la capacité de faire cette différence.

Réponse 4 : selon moi cet erreur peut apporter plein de conséquences comme :

1- des problématiques d'estime de soi.

2- un certain traumatisme

3-une dépression

4-stresse courante

Réponse 5 : Mon conseil pour un (e) adolescent (e) ayant commis cet erreur ; pour y remédier il faut qu'il (elle) prenne conscience de la gravité de l'erreur qu'il(elle) a commis, d'apprendre à faire la différence entre eux pour ne pas faire la même bêtise a chaque fois. Il faut chercher à s'assurer que c'est pas passager, car l'amour c'est pas un flirt , il faut qu'il y ait un vrai courant qui passe entre vous et votre partenaire.

Morestil Carlans (écolier)

Réponse 1 : _selon moi, la différence entre l'attirance et le vrai amour c'est que quand il s'agit de l'attirance on se voit aimer la personne en question pour ce qu'elle a, pour son physique, pour le sexe et parfois pour sa popularité, mais une fois que cette personne ait commis la moindre erreur vous n'hésiterez pas à l'abandonner. Le vrai amour de son côté contient aussi de l'attirance mais ça ne se base pas tout simplement sur cette dernière. Ça peut arriver que l'être aimé perde son charme mais vous ne vous en rendrez même pas compte puisque vous l'aimiez d'un vrai amour. Ça peut aussi arriver que l'être aimé vous trompe mais vous aurez à l'esprit de faire toutes sortes de sacrifices pour changer cette personne, à ce moment là il s'agit du vrai amour . L'amour est quelque chose de très beau et quand on aime on se sent heureux.

Réponse 2 : oui et c'est clair. Les parents peuvent toujours nous dire de faire attention au sexe , mais pour y parvenir par soi-même il vous faut être conscient des dangers auxquels vous pourriez faire face lorsque vous en abusiez. Vous devez vous mettre à l'esprit que derrière cela il y aura toujours une grossesse précoce pour les filles, et des responsabilités prématurées pour les garçons. Prenons le cas que vous alliez en relation sexuelle sans vous protéger et que votre partenaire ait une maladie sexuellement transmissible, c'est clair que ça vous suivra à l'avenir. En gros, oui, il y a certains choix que l'on fait durant notre adolescence qui peuvent être très conséquents à l'avenir.

Réponse 3 : oui, ça m'est déjà arrivé de ne pas pouvoir faire la différence entre ces deux phénomènes, je pense que c'est parce que je n'ai pas encore connu le vrai amour. Donc, oui ça m'est déjà arrivé.

Réponse 4 : le fait d'être attiré par quelqu'un nous fait croire qu'on l'aime réellement, à ce stade, ça va nous pousser à faire beaucoup des choses comme : le (la) faire confiance, lui dire tout et même ce que nous ne devrions pas lui dire, dans certains cas le (la) présenter à nos parents, à nos amis, et lui envoyer des nudes dans le cas des filles, etc... Donc si cette personne n'était pas venue pour rester ça se pourrait qu'elle vous trahisse au moyen de ce que vous-même aviez fait.

Réponse 5 : je pense que ça ne demande pas vraiment de remède, la personne a juste besoin d'assumer ses actes. Prenons l'exemple qu'elle soit atteinte du SIDA, il n'y aura pas vraiment de chose à faire sinon que de prendre des soins nécessaires. Je conseillerais plutôt aux adolescents (tes) de ne pas se précipiter sur la personne qu'ils (elles) prétendent aimer, de prendre leur temps, de connaître la personne en question avant d'entrer en relation avec cette dernière.

Petit-Homme Daniel (étudiant finissant en droit , gestionnaire et comptable)

Réponse 1 : L'attirance est comme un coup de tonnerre, elle ressemble à l' amour ; mais elle prend naissance en quelques minutes, quelques heures et quelques jours, elle commence par un battement d' œil et un battement de cœur spontané. L' attirance est émotive, instantanée, impulsive et même sensuelle. Elle est née d'un seul regard, de quelques échanges de conversations, de corpulence et de beauté ou d' apparence physique. On pourrait dire qu' elle est synonyme d' un amour de coup de foudre qui est vraisemblablement basée et fondée sur le sexe, elle cherche uniquement ses plaisirs sexuels. Néanmoins, l' attirance est une bougie qui s' éteint rapidement, c'est le bonheur des fous.Le vrai amour est un sentiment désintéressé qui doit s'apprendre et ça prend naissance à partir d'un don de soi, c'est se donner soi- même entièrement à la personne qu'on aime pour gagner son cœur sans rien demander en échange, il se soucie des intérêts de l' autre. Le vrai amour est comme un bourgeon, il a fallu du temps pour se sentir prêt (e). Il est la mesure d' aimer sans mesure. Quand on admire les qualités de quelqu' un, c'est qu'on l'apprécie, quand on supporte ses défauts, c'est qu'on l' aime. Le vrai amour c'est une plante délicate qu'on doit entretenir avec des soins constants et infinis. Donc, le vrai amour est la source de lumière qui apporte à la vie son meilleur éclairage. Il est une étoile, car une étoile brille toujours. Le vrai amour c'est le bonheur des sages.

Réponse 2 : Oui, le choix de l'adolescence peut avoir de grandes conséquences soit positives, soit négatives. On dirait même surtout négatives, car le choix de l'adolescence est souvent une folie non fondée sur la raison et le bon sens. L'âge de l'adolescence est un âge de folie. Tout ce qu'on a fait négativement durant cet âge, on aura à souffrir pour cela et à en payer de grands prix lorsqu'on deviendra adulte.

Réponse 5 : Voici les conseils ; Je lui dirait que l'erreur est humaine. Il faut savoir regarder dans son passé pour ne jamais commettre les mêmes erreurs. la jeunesse est le temps d'étudier la sagesse. Chaque erreur est une occasion de grandir. La vie est comme un arc-en- ciel, il faut de la pluie et du soleil pour en avoir de toutes les couleurs. Erreur veut dire occasion de faire mieux. L'adolescent (e) doit regarder dans la bonne direction et chercher à être positif (ve) et fuir les passions de la jeunesse d'aujourd'hui et ainsi il (elle) fera la différence. Il (elle) doit savoir: ce ne sont pas nos aptitudes qui font de nous ce que nous sommes, ce sont nos choix.

Hérard Pierre-Ridson (écolier et artisan)

Réponse 1 : Bon, est ce qu'il existe vraiment une différence ? Parce que pour trouver le vrai amour il faut d'abord passer par l'attirance .S'il existe une différence, c'est que ça vas se produire avec le temps puisque c'est à force de s'habituer avec cette personne qu'on vas voir si c'était de l'attirance ou de l'amour.

Réponse 2 : oui , ça peut arrivé que ce ne soit pas dans le cadre de toute votre vie, mais comme ce dicton le dit ; « c'est aujourd'hui qu'on prépare notre futur ». cela signifie qu'un mauvais choix fait aujourd'hui peut gâcher toute votre vie.

Réponse 3 : oui , parce qu'il existe des personnes qui sont juste attirées par vous mais qui n'ont vraiment pas l'intérêt de vous aimer avec tout leur cœur. c'est après avoir souffert qu'on fait la différence.

Réponse 4 : les conséquences sont vraiment frustrantes comme :

- devenir mère ou père célibataire par ce que il est fort possible qu'après cela la relation se brise , tout simplement parce que cette dernière se basait sur l'attirance.

-Il y a d'autres conséquences comme : avoir le cœur brisé, cette personne peu ne plus vouloir aimer dans sa vie.

- se laisser plongé (é) dans le chagrin pour beaucoup de temps.

Et en tant qu'ados votre vie peut être gâchée à cause de tout cela.

Réponse 5 : mes conseils sont les suivants : si cette tragédie vous est déjà arrivée et que vous êtes toujours avec cette personne, essayez d'arranger les choses, dialoguez avec pour ne pas être victime une autre fois. Et si cette personne vous a laissé tomber je ne vais pas dire que c'est une bonne chose mais c'est une chance d'apprendre et de changer votre vie et vos décisions.

Saint-Fleur Joaniste(éducateur et diplômé en relation publique)

Réponse 1 : L'attirance c'est quelque chose de spontanée et le vrai amour c'est quelque chose qui se construit.

Réponse 2 : Oui et non, oui c'est précoce si tu n'as pas la maturité pour bien comprendre. Non, il se pourrait que les concernés (es) aient pris conseils entre les mains des personnes matures pour pouvoir bien mener cette relation au bon port.

Réponse 3 : Non , ça ne m'était pas déjà arrivé.

Réponse 4 : ça peut entrainer une grossesse précoce, un non responsabilité de nos actes et un non assujettissement qui peut entrainer la délinquance juvénile.

Réponse 5 :Je peux leurs dirent d'être attentifs (ves) aux personnes matures et d'accepter leur position, mettez y un peu de discipline et avancez.

Philistin Manassé Junior Francisco (étudiant et ingénieur en informatique)

Réponse 1 : Selon moi, nous pouvons considérer qu'il existe une différence entre l'attirance et le vrai amour ; - L'attirance est ce qu'on appelle la sensation émise entre deux personnes qui pourrait être éphémère ou encore de la façon la plus brève et il se pourrait qu'on s'attire tout en sachant que ce n'est pas le vrai amour car on peut arriver a connaitre le vrai du faux ,tandis que, - Le vrai amour commence toujours par une certaine attirance commune, mais qui durera le plus de temps possible ou mieux encore jusqu'à la mort d'un des partenaires.

Réponse 2 : En réalité les plus âgés (es) nous disent souvent qu'il faut toujours faire son choix amoureux après avoir terminé ses études classiques et universitaires. Selon moi aucun choix fait durant l'adolescence ne pourrait avoir des conséquences sur l'avenir, mais il suffit de bien faire son choix, de bien analyser les bienfaits et méfaits de son choix avant de l' assumer ou de le mettre en œuvre .

Réponse 3 : A vrai dire je commettais beaucoup cet erreur dans mon plus jeune âge ou encore à mon âge d'adolescence, mais maintenant j'arrive a faire la différence entre ces deux phénomènes, donc je peux dire ce serais difficile pour un adulte de commettre cet erreur.

Réponse 4 : Cet incapacité de faire cette différence peut conduire l'adolescent (e) à commettre des actions insensées comme : le sexe sans précaution, l'abus de l'alcool. Prenons le cas du sexe qui conduit le plus souvent a la grossesse précoce, qui fait partie des conséquences que l'on peut trouver lors des mauvais choix de l'adolescent (e).

Réponse 5 : Mes conseils seraient pour cet adolescent (e) de savoir faire la différence entre l'attirance et le vrai amour, de bien faire ses choix, de bien les analyser et de prendre conseils entre Les mains d'un

(e) ami (e) ou d'une personne qui a déjà passer ce chemin. La meilleure façon d'y remédier serait d'oublier l'étape vécue, de bien faire ses choix et de devenir capable de faire la différence entre l'attirance et le vrai amour.

Constil Stéphanie (enseignante et assistante détectrice)

Réponse 1 : Premièrement le vrai amour vient de Dieu, car Dieu est amour, nous dit la Bible et c'est l'amour Agapè. c'est cet amour qui fait que Christ a donné sa vie pour nous, pour nous sauver du péché, de la condamnation et de la mort. Et étant que chrétien c'est ce même amour qui nous pousse à nous aimer les uns les autres, c'est la communion entre Dieu et les croyants et aussi entre les frères, cet amour nous pousse à aimer d'un cœur vrai, à être sincère, et fidèle à Dieu et aussi aux autres. Si on a cet amour dans notre vie, « l'amour Agapè » et bien, l'amour Eros et filial seraient bien mieux, on pourrait s'aimer largement, se comprendre, se pardonner, pouvoir vivre ensemble, partager, s'épanouir, s'exprimer, s'encourager, s'entraider avec un bon cœur, et ceci à tous les niveaux, spituellement, sentimentalement, familialement, et amicalement. D'autres part l'attirance c'est bien, mais c'est passagère, aujourd'hui on peut s'attirer l'un l'autre, soit mentalement ou physiquement ou émotionnellement, et demain toute la flamme s'éteindra et on se demandera comment cela se fait. Mais c'est normal car l'attirance ne dure pas ça vient de nos regards charnels, de quelque chose qui nous plaît, mais l'homme change à tout moment, la fleur qui éclore aujourd'hui va être fanée demain. Donc l'amour vrai ne peut jamais dépendre de l'attirance.

Réponse 2 :Oui ça peut avoir des conséquences positives ou négatives sur l'avenir. Positionnement si étant adolescents (tes) on a la tête sur les épaules, on sait ce qu'on veut, ce qu'on fait. On peut avoir des projets ensemble, l'un doit connaître la vision de l'autre, s'encourager et s'entraider pour réussir, avoir un but ensemble, se respecter, avoir la capacité de pouvoir se conformer aux normes établies par Dieu, par les parents, par l'église afin de réussir dans la vie, et se comporter en tant que personnes responsables. Oui il y a des ados qui sont beaucoup plus responsable et respectueux que des adultes, c'est une question de savoir ce qu'on veut dans la vie et d'en faire un plan avec le secours de Dieu. Je crois fermement qu'un choix fait durant l'adolescence basé sur des critères fondés et morals peut avoir des conséquences positives sur l'avenir. Mais aussi ça peut avoir de graves conséquences néfastes sur l'avenir, normalement les adolescents n'ont pas le moyen ou la capacité de faire un bon choix, le plus souvent c'est l'attirance physique qui les intéresse, le plaisir de pouvoir sortir ensemble, de faire la fête, de parler de banalité, avoir la joie de vivre sans but, sans perspective et tout cela sans oublier d'autres bêtises peuvent détruire la vie des ados, et peuvent avoir de dures conséquences sur leur avenir.

Réponse 3 : Oui ça m'est arrivée de ne pas pouvoir faire la différence entre l'attirance et le vrai amour. J'avais une adolescence difficile, et pour oublier mes peines, je ne faisais que lire les romans, d'aller à la fête, de danser, de sortir avec des amis (es) dans les programmes culturels et autres. J'aimais les beaux garçons attirants, j'avais pas pris le temps de savoir ce qu'était l'amour et je paie très chèrement les conséquences d'avoir gaspiller mon temps à courir après les futilités. Mais avec le temps j'ai appris à en faire la différence et j'ai décidé de m'asseoir sur les fondements de l'amour et de vérité afin d'éviter tant d'erreur.

Réponse 4 : Cela peut apporter beaucoup de problèmes et je ne crois pas qu'on puisse les énumérer. Mais, ce genre de choix peut dérouter les ados, il y en a ceux qui arrivent à se droguer, à avorter, à devenir alcoolique, à perdre leur virginité, à subir des maltraitances physiques, d'incompréhension, d'humiliation, d'échec sentimental, d'élever des enfants monoparentales et toutes sortes de mauvaises choses. Enfin, je pense qu'on doit aider les ados à avoir de meilleures compréhensions sur le vrai amour et l'attirance.

Réponse 5 : Un (e) adolescent (e) qui a déjà commis cet erreur peut y remédier. Il (elle) doit s'arrêter pour réfléchir et pour décider de recommencer à zéro. C'est vrai qu'un (e) ado peut commettre d'énormes erreurs, mais il ne droit pas les laisser définir sa vie. Il (elle) doit avoir le besoin de chercher à comprendre ce qu'est l'amour et de demander à Dieu de l'aider à concevoir un plan selon sa volonté pour apprendre à connaitre le vrai amour et vouloir la vivre pleinement, car Dieu seul peut nous guérir des blessures du passé et nous donner un meilleur avenir.

John Brelson Escarment (Carreleur et Prédicateur)

Réponse 1 : Au début d'une relation, il est toujours facile de ne pas percevoir la différence entre attirance et amour. Une chose est certaine, vous n'êtes pas indifférent (e) à cette personne qui vous plaît, mais que ressentez-vous vraiment . Vous passez par une palette d'émotions qui vous amène à vous poser des questions : "Est-ce que je commence à l'aimer ? Est-ce que je suis en train de tomber amoureux (se) ? S'agit-il d'une simple attirance ou de quelque chose de plus profond ? "

a) Première différence entre l'attirance et l'amour : le temps.

Oui, le temps ! On l'oublie parfois, mais l'amour est quelque chose qui se construit avec le temps. Il grandit au fur et à mesure que l'on apprend à se connaître et que l'on partage de bons et de mauvais moments ensemble. Et pour certaines personnes, il faut du temps pour se sentir prêt pour l'amour.

C'est pourquoi il est plus facile d'être attiré (e) que de tomber amoureux (se) . Tandis que l'attirance peut être instantanée, naître d'un seul regard, de quelques échanges ou conversations. L'attirance est donc plus impulsive. Elle nous pousse à ressentir le désir d'être ensemble, l'envie de se parler, de se toucher... Et quand je parle de temps, je parle aussi de la durée. En effet, l'attirance est quelque chose qui a tendance à ne pas durer.

b) Seconde différence entre attirance et amour : les motivations.

Dites-moi quelles sont vos motivations, ce qui vous plaît chez l'autre et je vous dirai si vous êtes vraiment amoureux ! Pour comprendre la différence entre attirance et amour, je vous propose un petit exercice. Prenez un papier et pensez à la personne que vous avez le plus aimé dans votre vie. Qu'est ce qui vous vient à l'esprit en premier lieu quand vous pensez à cette personne ? S'il s'agissait d'une simple attirance, vous vous souviendrez sûrement des aspects physiques de cette personne en premier lieu !

Lorsqu'on est attiré (e) les raisons de notre intérêt sont souvent superficielles : On peut avoir de l'attirance envers quelqu'un à cause de son apparence, sa popularité ou son succès. En fait, on aime l'illusion que l'on se fait de la personne. C'est un sentiment instable.

C'est parce que l'attirance est un sentiment basé sur quelque chose de plus charnel : le désir. Et ce désir charnel peut partir à tout moment. Il se nourrit du contact physique et de l' image idéalisée de l'autre. Sans lien physique régulier, l'intérêt va progressivement disparaître. Alors que l'amour est un sentiment plus fort et plus stable. Il ne se limite pas au plaisir physique. Il existe une connexion émotionnelle et intellectuelle. Ensemble, on pense à l'avenir : on imagine notre Future relation. On arrive facilement à se projeter dans le futur ensemble. Et l'attirance physique n'est qu'un aspect de ce qui nous plaît chez l'autre. On peut donc parler d'attirance amoureuse.

c) Troisième différence entre attirance et amour : la confiance mutuelle.

Quand une personne est amoureuse, elle partage plus facilement son monde intérieur, ses émotions, ses besoins et ses peurs. Elle laisse l'autre entrer dans son intimité et parle ouvertement. Elle a plus de facilité à dire "Je t'aime" parce qu'elle se sent en confiance vis-à-vis de ses sentiments. Avec l'amour partagé, vient le sentiment d'une sécurité affective.

Au contraire, quand il s'agit d'un simple désir ou d'une affection, on ne sait pas grand-chose de la personne, de ses secrets les plus intimes. Et d'ailleurs, le plus souvent, on n'est pas intéressé pour en savoir plus. L'attirance est égoïste et éphémère. Tout se fait de façon impulsive. Et comme il n'y a pas de sensation de stabilité, on a plus tendance à ressentir de la jalousie. Puisqu'au fond on est conscient que la relation est fragile. Dans le cas de la dépendance affective également, on a peur de l'abandon. On a du mal à se faire confiance et à faire confiance à l'autre.

d) Quatrième différence : la solidité face aux épreuves et aux changements.

Si vous voulez savoir s'il y a de l'amour dans l'air, selon mon expérience, il est important de vous interroger sur la solidité de votre relation. En effet, dans une relation faite d'amour, on est prêts à tout affronter ensemble et à s'adapter. La relation n'est pas menacée à la moindre dispute, friction ou incompréhension ou face à des changements importants. Malgré les grosses épreuves, on s'adapte pour rester ensemble !

Difficile donc de parler d'amour, lorsqu'on n'a pas encore vécu de situations difficiles qui mettent à l'épreuve nos sentiments ! Je ne suis pas en train de dire que les couples qui se séparent sont ceux qui ne se sont jamais aimés ni que l'on ne peut vivre l'amour puis se séparer. Simplement, un couple qui s'aime sera plus enclin à faire des efforts pour que cela fonctionne qu'un couple qui vit plus de l'attirance qu'autre chose. Car cela ne suffit pas à maintenir un couple qui traverse des moments difficiles. Elle s'affranchit de toute forme d'obligation.

e) Cinquième différence : la bienveillance.

L'amour nous amène à penser au bien-être de l'autre et non pas seulement le nôtre. À la personne elle-même et pas seulement à ce qu'elle nous apporte. On ne s'engage pas dans la relation pour recevoir mais aussi et surtout pour donner. On a soif de connaître l'autre, de faire connaissance avec son entourage et son environnement. Ses projets et sa vision de l'avenir nous intéressent.

Si vous vous souciez de ce que la personne pense, ressent, aime, c'est un signe que vous avez de l'intérêt. Alors que dans une relation basée sur l'attirance, on recherche d'abord sa propre satisfaction personnelle.

Pour conclure, je dirais qu'il y a une grande différence entre l'attirance et l'amour même si on peut ressentir les deux à la fois. Avec le temps, cette différence devient de plus en plus évidente. Bien sûr, il arrive que l'attirance se transforme en amour avec le temps. Mais cela est possible lorsque les partenaires intègrent les aspects qui caractérisent l'amour : émotion, intérêt pour l'autre, connaissance et confiance mutuelle. Il faut plus qu'une attirance pour construire une relation stable et durable.

Beauheuses Herby (écolier)

Réponse 1 : je fus très heureux quand mon amie Mirlene Hérard m'a fait part de cette aventure, et je me suis tout de suite décidé de parler non pas de moi-même mais d'un livre dédié aux jeunes « les jeunes s'interrogent » que j'ai déjà lu maintes fois , tout en étalant quelques unes de mes expériences en tant qu'un jeune ayant aussi vécu l'âge fleur de sa vie que nous appelions l'adolescence : C'est un long trajet, une grande avec tous les Nouveautés de notre vie ; une nouvelle façon de voir les choses, le développement hormonal .... L'envie de nous faire paraître etc....

C'est le tout début d'une vie assez souvent contrôlé par l'envie de tout entreprendre. La folie dans un nouveau domaine ou l'éducation est presque négligée surtout dans notre pays. En effet c'est triste d'assister à la chute progressive de cette institution : la famille.

En outre, ne soyons pas découragés (es) . Il y a quand même un petit groupe qui s'adonne à la mission de parler pour et de la jeunesse qui n'est pas prête à renoncer malgré tout : c'est le cas de Mirlene Hérard.

Ainsi donc , nous nous joignons à elle pour continuer à tenir allumé le flambeau d'espoir de ce pays , notre Haïti Chérie.

Ainsi donc, ce sont là les réponses aux questions que j'ai pu poser à ces gens. J'espère que ces dernières pourront vous servir d'instruction, de conseil mais aussi d'une grande aide.

Maintenant, je vois que vous semblez ne pas être assez satisfait (e) des différentes approches que j'ai faites. Est-ce le cas ? Je n'en suis pas sûre mais je trouve qu'il vous manque quelque chose.

Serait ce la suite de l'histoire ? Peut être ! Si c'est bien le cas, ne nous retardons pas de plus, et allons voir ce qui va se passer.

Farah est morte maintenant, vous vous en souvenez ? Son mari à sombrer dans la folie, son père a pris sa retraite, ses deux frères continuent de vivre leur vie comme si rien de grave ne c'était produit.

Mais Victor, ne semble pas autant se séparer de se souvenir affreux, qui n'est autre que la mort de Farah, la cousine qu'il chérissait tant. Il se laissa ainsi sombrer dans le réconfort que lui offrirent l'alcool et les autres drogues qu'il consommait. Mais au bout de quelques années (soit une période de 4 ans environ), il se mit à se poser des tas de questions. Il se mit à réaliser beaucoup de chose, et il voulut se débarrasser de ce fardeau qu'il avait de se sentir constamment coupable de la mort de sa cousine. Et il se dit :

- Farah a commis beaucoup d'erreurs dans son adolescence, et c'est cela qui a causé sa chute , et cette dernière m'a aussi brisé. Mais, était ce entièrement de sa faute ? Ne me serais je pas briser moi-même depuis le jour où je l'ai laissé partir avec Jacques ? Peut être que c'est à cause de cela que je n'arrive pas à me débarrasser de ce fardeau ? Et si tout cela était vrai ,Et qu'elle était morte par ma faute ? Comment pourrais je me le pardonner ?

Ce sont les questions qu'il se mettait parfois à se poser, lorsqu'il sombrait dans le désespoir.

En tout cela, il aimait se relaxer au bord de la mer, car il pensait entendre la voix de Farah lorsqu'il y était. Est-il entrain de sombrer aussi dans la folie ? Je ne crois pas. Le croyez-vous ? Après tout, je sais que Farah aussi aimait la mer , peut être que ça soit vrai que son âme y habite et que cette dernière puisse communiquer avec Jacques à chaque fois qu'il y va.

C'est dans ce monde de surréaliste que vit maintenant Victor, ce n'est pas le monde de la folie comme vous le pensez. Ainsi donc, Farah se serait servie de la mer comme un pont pouvant la permettre de communiquer avec les vivants. Avait elle connaissance des mystères du vodou depuis sa vie ? Pas vraiment, mais son âme pesait assez pour la permettre de réaliser cela. Et les esprits de ses ancêtres l'y on aussi aidé.

Et comment s'exercent ces procédés ? Seuls (es) les initiés (es) au domaine peuvent répondre à ces questions, et je ne le suis pas car je suis chrétienne, je préfère fièrement prier Dieu au lieu de m'intégrer dans ce domaine. Je ne dis pas que ceux (celles) qui le pratiquent ne doivent pas être fiers (ères) et je ne saurais le dire non plus car ça dépend uniquement d'eux (elles) et de leurs expériences. Mais ce que je peux vous dire, c'est que la famille de Farah y était initiée.

Ainsi donc, Farah était en contact avec Victor, et ils se communiquaient à chaque fois que ce dernier se rendait à la plage, et voyant cela , il s'y rendait beaucoup plus souvent.

Un vendredi, au couché de soleil, il se sentit triste et se rendit au bord de la mer dans l'espoir d'entendre la voix consolatrice de Farah. Cette dernière ne le déçut point et Vint lui adresser ces mots :

- Mon cher cousin, de là où je suis, je peux voir tous les torts que tu te fais subir, et tout le regret qui hante ton cœur depuis mon départ. Je tiens donc à te faire savoir que cela n'est point de ta faute, car c'est moi qui ai fait durant mon adolescence, cet erreur qui m'a suivi et qui continue à me suivre dans mon humble repos. Te voir ainsi, n'a jamais été ce que j'aurais voulu si j'étais encore vivante. Je sais que tu regrettes ma mort, mais il te faut continuer de vivre et ceci à ma place. Fait moi plaisir, ne soit plus triste, vit la vie que j'aurais souhaité vivre et que j'aurais souhaité pour toi. Ne venge pas ma mort par la tristesse mais par la joie . N'aies pas peur , car je serai toujours près de toi quand tu en auras besoin, je serai toujours là pour te soutenir dans les moments que tu traversera . Même si tu ne m'entends plus, même si tu ne me vois plus, je suis toujours avec toi . Je t'aime Vic.

À ces mots, Victor reprit ses forces, il se leva et s'en alla car son âme était maintenant devenu plus légère par le fait de s'être débarrassé de son fardeau. Ainsi donc, il finit par se passer de la mer pour se reconstruire.

Victor est avocat, et il n'a jamais réussi un plaidoirie depuis la mort de sa cousine. Aujourd'hui, il va défendre une cliente. Sa cliente s'appelle Josiane, c'est une femme d'un grand cœur et d'une bel âme. Mais la vie semble ne pas jouer en sa faveur car elle a un mari infidèle et ce dernier ne la respecte pas. Donc elle est obligée d'opter pour le divorce. Victor en tout cela, la sert d'avocat et d'ami en même temps.

Ça fait déjà 3 mois qu'ils travaillent ensemble, Josiane se confie toujours à lui quand elle en a besoin et Victor en fait parfois de même. Ils sont devenus de très bons amis, et comptent prolonger leur relation sur cette seule longueur d'onde.

Le procès n'a pas duré longtemps, Victor et sa cliente en sont sorti vainqueurs. Puisqu'ils étaient amis, ils se sont rendus chez Victor pour fêter cela.

Ce soir là, ils burent trop, et se sont ainsi saoulés. Ayant perdu le contrôle, ils eurent une relation sexuelle pendant la nuit, le lendemain matin Victor se vit tout nu et vit aussi Josiane couchée auprès de lui. C'est à ce moment qu'il se rendit compte de ce qui venait de se passer.

- Josiane ! Réveille toi ! Dit il en réveillant Josiane, cette dernière qui se réveilla pour remarquer les faits.
- Qu'est ce qui s'est passé ? Et pourquoi sommes nous nus et nous trouvons nous sur le lit dans ta chambre ?
- Mais ne pleures pas, tu n'as pas été violé.
- Mais qu'est ce qui s'est passé ?
- Figure toi que c'est la même question que j'allais te poser.
- Mais comment ça ? A-t-on couché ensemble ?
- À ce qu'il paraît…

C'est ainsi qu'ils se mirent à se poser des questions, ce n'est pas parce qu'ils ne pouvait pas se rendre compte de ce qui c'était passé, mais c'était parce qu'ils ne voulaient pas admettre d'avoir couché ensemble. Mais pourquoi ne voulaient ils pas l'admettre ? Je crois que c'est parce qu'ils ne voulaient pas coucher ensemble, mais plutôt rester amis pour prendre soin l'un de l'autre.

Mais que signifie cela ? Victor serait il entrain de tomber amoureux ? Ou du moins, ce qui vient de se passer sera t'il en mesure de gâcher cela ? J'espère que non, Farah aussi, elle sourit là où elle se trouve à l'idée que son cousin ait enfin quelqu'un auprès de lui. Et vous aussi à ce que je vois.

Victor de son côté n'est pas du même avis que nous, car il ne se rend pas compte de tomber amoureux. Comme vous pouviez le remarquer il présente toutes les caractéristiques d'un amoureux et Josiane aussi.

Mais après tout ce qui vient de se passer, il s'est dit qu'il a commis une grosse erreur. Il a comparé cette dernière à celle que Farah avait faite dans son adolescence. Mais c'est illogique n'est ce pas ? Oui ça l'est. Oserait il dire que c'est de l'attirance ? C'est bien ce qu'il fait. Mais ça n'est pas du tout de l'attirance, car ils se sont bien connus auparavant, chacun apprenait à connaître l'autre, enfin, chacun aimait l'autre du vrai amour.

Victor connait la valeur d'une femme, et il accorde beaucoup d'importance au fait d'avoir couché avec Josiane. Elle s'est dit qu'il a pris son honneur. Et ayant analyser les faits, il comprit et finit par réaliser que Josiane était amoureuse de lui, et que lui aussi était amoureux d'elle.

Mais il ne s'empressa pas de rentrer en relation avec cette dernière. Il consacra 2 ans entière à mettre cette dernière à l'épreuve en restant ami avec elle. Après cela , il en conclu d'en faire la femme de sa vie. Ainsi il répara l'erreur d'avoir couché avec elle sous l'effet de l'alcool et à cause de l'attirance.

Victor finit par venger la mort de Farah par la joie et par le fait qu'il prit soin de ne pas commettre les mêmes erreurs que sa cousine. Farah s'en réjouissait depuis l'endroit où elle était.

Après quoi, ils vécurent heureux ensemble. Farah était toujours auprès de son cousin comme elle le lui a promise. Le couple s'aima de plus en plus chaque jour comme des ados. Ils eurent 2 filles et 1 garçon, et leurs enfants faisaient pleinement leur bonheur.

Déduisons en que Victor est quelqu'un de résistant, il ne s'est pas laissé briser par ses erreurs mais il a repris son courage à deux mains et à continuer d'aller vers l'avant. Ses expériences serviront de guide à ses enfants.

Mirlene Hérard, née à carfourre-feuille en novembre 2004 est une écrivaine haïtienne vivant à Port-au-Prince.

Durant son adolescence, elle fut chanceuse de vivre certaines expériences et d'analyser quelques faits qui se produisent dans la société à laquelle elle appartient.

Par somme de toutes ces choses, elle offre ce livre à tous les passionnés de lecture, dans le but de leurs conscientiser à propos de quelques faits à éviter.

Sur ceux, elle croit que tous méfaits peuvent se faire évités, si nous utilisons le moyen des écrits.

Printed by Books on Demand GmbH, Norderstedt / Germany